身近な食材で豪華に見せる

季節のおうち寿司

酢飯屋店主
岡田大介

PHP

はじめに

お寿司をつくることは、人生を豊かにします

東京・文京区で「酢飯屋《すめしや》」という寿司屋を営んでいる岡田大介と申します。今回、僕が日本各地で出会った「郷土寿司」を、みなさんのおうちでつくってもらえるような本をつくりました。昔から現在まで引き継がれたお寿司を調べ、学ぶために足を運び、そこから新しいお寿司を生み出す。寝ても覚めてもお寿司のことばかり考えている自分にとって、仕事というよりはライフワークになっています。

お寿司をつくることは面倒ではなく、人生を豊かにするきっかけになると思います。そもそも料理は人を幸せにします。試行錯誤しながらつくる過程を楽しめ、大切な人と食べる楽しい時を過ごせる。そして幸せな記憶は遠い未来でも蘇り、人生を豊かに変えてくれる。この本から、そんな僕の思いが伝われば幸いです。

目次

夏のおうち寿司（5月〜7月）

秋のおうち寿司（8月〜10月）

冬のおうち寿司（11月〜1月）

とっさのおうち寿司（番外編）

郷土寿司を訪ねる

まずは、寿司職人が教える

おうち寿司をさらに美味しくさせる

酢飯《すめし》のつくり方

お寿司は上にのっていたり、混ざっていたりする海や山の幸にどうしても目がいきがちですが、まずはベースとなる酢飯が美味しく仕上がっていないと台なしです。むしろ、具材は酢飯を引き立てる脇役とすら僕は考えています。なにしろ、僕の店の名前は「酢飯屋《すめしや》」。それだけ酢飯には強い思い入れと、こだわりがあります。

店で出す酢飯は具材によって細かく合わせ酢を変えていますが、どんな具材にも合う「鉄板の酢飯」があります。ここではそんな酢飯のつくり方をみなさんに紹介したいと思います。

ちなみに、美味しい酢飯をつくろうと思うなら飯台《はんだい》を使うのがなによりも近道です。ボウルなどで代用することもできますが、飯台ならごはんの余分な水分を吸ってくれるので酢飯が水っぽくなりにくい。おうち寿司をがんばってつくっていこうと思うなら、この際飯台を使うことを強くおススメします。

酢飯用の合わせ酢の黄金比

	米酢		塩		砂糖
3合の場合	45mℓ	:	6g	:	20g
4合の場合	60mℓ	:	8g	:	30g
5合の場合	75mℓ	:	10g	:	35g

4本の菜箸を使うと混ざりやすい。

① 米酢、塩、砂糖を合わせ、よくかき混ぜる。混ぜては間をおき、また混ぜる。しっかりと溶かすことでムラのない合わせ酢となる。

10分程飯台に水を張ると飯粒がつきにくい。

② 水分たっぷりの新米より古米の方が酢飯向き。米の約1.2倍の水を入れ炊く。昆布は粘り気が出やすいので入れない。

熱々でないと水っぽく酸っぱい酢飯になる。

③ 炊けてから1分以内に、合わせ酢を回しかける。しゃもじに伝わせることで無駄なく、全体に行き渡らせることができる。

④しゃもじを、飯台に対してほぼ垂直に突き刺し、底に当たらない程度でダマができないように酢飯を切る。

底に当たり飯粒がつぶれると粘り気が出る。

⑤全体を切り終わったら酢飯を引っくり返し、中央に集めて山型に積んで30秒程おく。そして全体に、もう一度平らに広げる。

酢が上から落ちることでムラがなくなる。

⑥しゃもじに飯粒がついたままで切っていると粘り気が出てしまう。こまめに水洗いをし、べたつきと水気をしっかりととる。

粘り気がさらに粘りを生むので気をつける。

⑦うちわなどであおぎ、酢を飛ばす。同時に酢飯をいっきに冷ます。夏場と冬場で冷める時間が異なるが、人肌の温度になるまでが目安。

換気扇の下なら、そのままで酢は飛んでいく。

⑧飯台に接している面の酢飯を再度引っくり返すことで、酢を均等に行き渡らせ、酢飯の熱を冷ます。

何度も返すとべたつきやすくなるので注意。

”酢飯の温度調節で、合わせる具材が生きてきます！“

●●●

酢飯は時間が経つとともにどんどん乾き、硬くなってきます。できあがったらすぐに濡れたさらしなどですき間なく覆ってください。このとき、さらしはくれぐれも濡らすこと。乾いたままだと酢飯の水分を吸ってしまいます。

僕ら寿司職人は、具材やお寿司の種類によって酢飯の温度管理をしています。いなり寿司のような包み寿司系は人肌の温もりがある方が詰めやすく、巻き寿司も海苔に酢飯を広げやすい。ただし、かんぴょうやきゅうりなど、多少の温度が加わっても傷みにくい具材に限られます。

一方、ちらし寿司は人肌よりやや冷めた方が酢飯と具材が混ぜ合わせやすくなります。握りも同じ。温かいと、光り物のサカナなどはどんなに鮮度が良くても生臭くなってしまうので要注意です。

さあ、これで支度が整いました。ではいよいよ季節ごとに、おうち寿司をつくっていくことにしましょう。

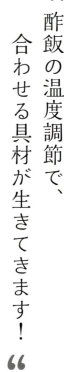

春のおうち寿司

2月〜4月

節分

今年行きたい土地の具材を巻いた

日本巻き寿司

節分というと、このところ恵方巻きを食べるのが恒例になっています。でも、いつもの決まりきった具材だけでなく、独自にアレンジして楽しんでみてもいいのでは。そこで、考えたのが地方の名産を具材にした、題して「日本巻き寿司」です。

ここ数年、土地土地に根付いた「郷土寿司」に興味を持っていろいろな県を訪ねています。すると、その土地で育まれた素晴らしい食材とよく出会います。その中で、僕が「これが一番」と思う具材を独断で選んでみました。

たとえば、宮城だったら牡蠣《かき》・イクラ・牛肉。熊本なら辛子れんこん・車エビ・地鶏といった具合。そんな各地の食材を太巻きにして豪快にかぶりつくと、「こんな美味しいものがあるところってどんなとこ?」と想像してしまいます。

どうせなら、訪れたい土地の具材を巻いて食べれば、「今年、そこに行けるかもしれない」。そんな新しい祈願をしながら、お寿司を食べてみるというのはいかがでしょう。

材料

【宮城巻きの場合】

酢飯	200g
海苔	全型1枚
イクラ	35g
牛肉	35g
焼肉のタレ（市販）	適量
オイル漬け牡蠣	35g

【熊本巻きの場合】

酢飯	300g
海苔	全型1.5枚
辛子れんこん	10cm
車エビ	6尾
地鶏	50g

海苔のザラザラした面を上に。

味が次第に濃くなる順番で具材を並べる。

巻くときに具材が出やすいので、慎重に。

巻ければ、海苔が縮んでしっかりとしまる。

① 宮城巻きをつくるときは、まず細切りにした牛肉に市販の焼肉のタレをからめて炒める。

② 巻き簾《す》の上に海苔全型1枚をのせ、奥に1.5cm、手前に1cm程の海苔の余白が残るように酢飯を広げる。これが巻いたときののりしろになる。

③ 左から⅓のスペースにイクラを、次いで牛肉、牡蠣をのせ、3つの具の高さをそろえる。

④ 中の具が外に押し出されないように指で押さえ、いっきに巻く。

⑤ 両手を使って成形し、巻き簾の脇をしめる。熊本巻きも宮城巻き同様に巻く。

＝もっとくわしく！＝

全国にはこんなに美味しいものがたくさんある

酢飯屋・岡田が選んだ「47都道府県別の具材一覧表」

北海道	イクラ　ホッケ　ウニ	大阪府	春菊
青森県	マグロ　にんにく	兵庫県	タコ　玉ねぎ
岩手県	ホタテ　しいたけ	奈良県	大和野菜　蘇《そ》
宮城県	牡蠣　イクラ　牛肉	和歌山県	梅　山椒
秋田県	いぶりがっこ　ハタハタ	鳥取県	らっきょう　紅ズワイガニ
山形県	山菜　ジビエ	島根県	ノドグロ　アナゴ
福島県	伝統野菜　馬肉	岡山県	サワラ　ママカリ
茨城県	アンコウ　納豆	広島県	牡蠣　タチウオ
栃木県	かんぴょう　いちご	山口県	ハモ　かまぼこ
群馬県	牛肉　こんにゃく	徳島県	スダチ　チリメン　ワカメ
埼玉県	ウナギ　さつまいも	香川県	オリーブ　自然薯《じねんじょ》
千葉県	ハマグリ　キンメダイ	愛媛県	レモン　タイ
東京都	アサリ　いなり寿司	高知県	カツオ　ゆず
神奈川県	アジ　シラス	福岡県	明太子　タコ
新潟県	サケ　甘エビ	佐賀県	パクチー　海苔　イカ
富山県	白エビ　ブリ	長崎県	アナゴ　ブリ
石川県	香箱ガニ　加賀野菜	熊本県	辛子れんこん　車エビ　地鶏
福井県	越前ガニ　サバのへしこ	大分県	カボス　サバ
山梨県	きのこ　ぶどう	宮崎県	地鶏の炭火焼　キンカン
長野県	そば　信州味噌	鹿児島県	かつおぶし　黒豚
岐阜県	ほおば味噌　アユ	沖縄県	ゴーヤ　ラフテー
静岡県	桜エビ　ワサビ		
愛知県	平貝《たいらがい》　キャベツ		
三重県	伊勢エビ　アワビ		
滋賀県	琵琶湖八珍		
京都府	西京焼き　京野菜		

おうち寿司ノート

好きな具材を合わせて太巻き寿司を楽しみましょう

そもそも恵方巻きは、商売繁盛を祈願する大阪あたりの風習だったと言われていますが、諸説あるようです。一部のコンビニが仕掛けたことで全国に広がり、今では節分の定番になっています。

具材は七福神にちなむものとされていますが、あまりとらわれずに自分の好きな具材を合わせて太巻き寿司を楽しんでいけばいいと思います。今回紹介した各地の名産もいつもの具材にひとつだけ合わせる感じでもいいし、いろんな県の名産を一緒にしても構わない。それだけでも十分、祈願になるでしょう。

1本を丸々食べるので、途中で具を替えると、食べながら味が変わっていきます。飽きずに最後まで食べられ、知らずに食べた人にはちょっとしたサプライズになります。

立春

パクッと食べられる1/16サイズ

ひと口手巻き寿司

恵方巻きをした翌日は、具材が余っていることが多い。そんなとき、余った具材を有効活用できるのが手巻き寿司です。もとより、手巻き寿司はその手軽さから、おうち寿司の王道と言えますが、ここではさらに進化させた「ひと口手巻き寿司」を考えてみました。

通常は全型の海苔の1／4サイズでやることが多いですが、すぐにお腹いっぱいになって、あまり種類が食べられません。そこで、あえて1／16サイズの海苔にのせてみる。これなら、のせる具材の量が限られるので、いろんな種類を楽しむことができます。

たとえば左の写真。左上はアジのなめろうに素揚げれんこん、隣は牛肉の角煮にスプラウト、中段左はトロににんにくの醤油漬けと刻みねぎ、隣はサワラの炙《あぶ》りに焼きねぎと味噌。下段左はアボカド・明太子にマスカルポーネチーズ、隣はカニにパクチーとマスタードの組み合わせ。ちょっと意外と思えるトッピングも、酢飯と合わせると美味しくなるから不思議です。

材料

【ひと口サイズ】

酢飯……10g
海苔……全型1/16枚
アジの刺身……適量
味噌……適量
れんこん……適量
牛肉の角煮……適量
スプラウト……適量
トロ……適量
醤油漬けにんにく……適量
ねぎ……1本
サワラ……一切れ
アボカド……適量
明太子……適量
マスカルポーネチーズ……適量
カニ……適量
パクチー……適量
マスタード……適量

手の平にのせると、こんなに小さい。

様々なトッピングから新たな発見があるかも。

① 海苔を1/16の大きさにカットする。

② アジの刺身をたたいて、味噌と和え、れんこんは素揚げにする。ねぎ半分を刻み、残りは焼く。サワラを炙り、アボカドを輪切りにする。

③ 冷蔵庫からあるだけの調味料やスパイス、ハーブなどを引っ張り出し、テーブルに並べる。

④ 具材を海苔にのせ、思い思いの調味料を合わせる。

＝もっとくわしく！＝

近所のサカナ屋さんと仲良くなろう

手巻き寿司用の刺身盛り

種類が多いと手巻きモードのテンションも上がる。

手巻き寿司のときには、なるべくいろんな種類の具材を用意したいところですが、お刺身をひとつひとつ柵《さく》で買っていたら結構な量になってしまいます。そんなとき、近所にあるサカナ屋さんに手巻き寿司用に刺身盛りをつくってもらうと便利です。

　何人分となるのか、予算がどれくらいなのか。それに、お刺身はなにを入れて欲しいのか、逆に苦手なものなど、細かくこちらの要望を伝えておくと、その日の店にあるネタで盛り合わせてくれます。

　スーパーや百貨店のサカナ売り場でも対応してもらえると思いますが、あれこれ自由が利くのはやはり専門店。普段から、近くにあるサカナ屋さんを探しておいて、行きつけになっておくといいかもしれません。

おうち寿司ノート

手巻き寿司は東京の郷土寿司というウワサ

首都圏で複数の寿司店を手掛けている築地玉寿司さんが、手巻き寿司を考案したようです。1971（昭和46）年に、東京・銀座に来る若い人に手軽にお寿司を楽しんでもらいたいと開発したとのこと。ということは、手巻き寿司は東京の郷土寿司なのかもしれません。

　手巻き寿司はとにかく具材の食べ合わせの妙。海苔と酢飯、そこにしょっぱい、酸っぱい、甘いの味が重なる。いろいろと混じるから美味しいという巻き寿司の美学を感じることができます。

　また、赤身のマグロをわさび醤油ではなく、塩・こしょうで食べたりすると生肉にも近い味になります。いろいろ試し、新しい食べ合わせを自分なりに発見できるのが、手巻き寿司の醍醐味と言えるでしょう。

バレンタインデー

愛情をしっかり押し詰めた
サバの押し寿司

大好きな彼やご主人、いつもお世話になっている父親、それに仲良しの友だちに、毎年恒例のチョコレートを贈るのもいいけど、たまには変化球で迫るのも。せっかくなら、お寿司を贈るのはいかがでしょう。

いかにもチョコレートが入っていそうな箱のリボンをほどき、ふたを開けてみると、中からシックな「サバの押し寿司」が登場したら……。ありきたりのチョコよりよほどインパクト大。あなたの思いもしっかりと伝わるでしょう。

甘いものが苦手という人にとってはこの上ないプレゼントとなる。なにしろしめサバはたいていの人が好きな具材です。ついでに、こうした光り物を酢でしめるやり方をマスターしておけば、これからのお寿司ライフがより広がり、いちだんと楽しくなってきます。

ちなみに、僕の妻はコハダが大好物で、毎日コハダの押し寿司をつくって家に届け、愛を実らせました。

材料

酢飯……200g
サバ……半身
米酢……適量
塩……適量
白ごま……適量
刻みしょうが……適量
レモン……適量
ガリ……適量

酢に漬けている間は冷蔵庫へ。

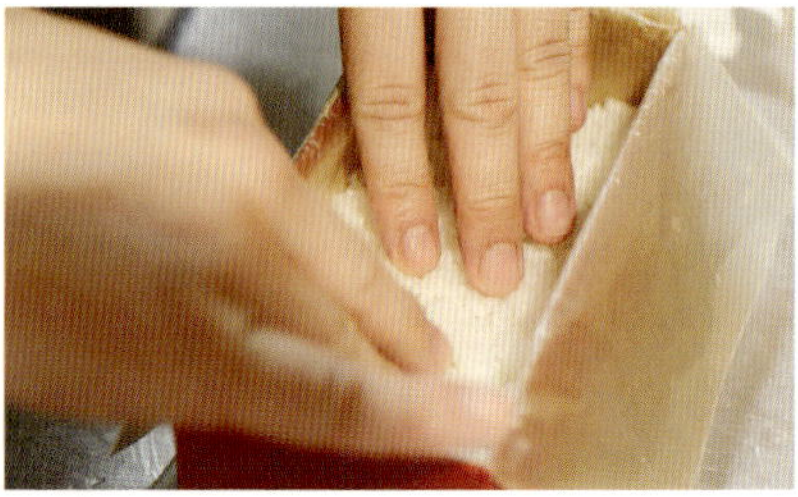

中に敷くのはクッキングシートでもOK。

軽めに押して表面を平らにする。

ごまとしょうががいい風味を添えてくれる。

① 酢でしめたサバ（p25参照）の骨を抜き、手で皮をむき、ひと口大に切る。

② 縦15cm、横8cm、高さ5.5cmぐらいの大きさの箱にワックスペーパーを敷き、箱の8分目位まで酢飯を詰める。

③ 濡れさらしを丸め、酢飯を上から軽めに押して、平らにしていく。

④ ごまと刻みしょうがを酢飯の上に散らし、しめサバの切り身をのせていく。半分はバーナーなどで炙りにすると味の変化も楽しめ、見栄えがする。

⑤ 最後に、くし形切りと輪切りにしたレモンとガリをのせる。

＝もっとくわしく！＝

酢でしめればサカナの臭みがとれ、長持ちする

しめサバのつくり方

サカナを酢でしめる方法を覚えておくと、なにかと便利です。

まず、三枚に下ろした状態のサバをザルの上にのせ、下にバットを置きます。身の方から塩を全体にふり、皮側に返してまた塩をふる。脂がのっているサバなら塩はたっぷりめがいいでしょう。それで2時間半から4時間程そのままおきます。

塩がしっかりと入ったようなら、水で塩を洗い流し、漬け酢にひたひたに漬けます。漬け酢を何度も使う場合は、サバを酢水（真水に1割の酢を混ぜたもの）に一度くぐらせてから漬け酢に入れると、漬け酢が臭くなりません。

こうして40分から1時間ほど漬けるといい具合に酢が利いたしめサバができあがります。

サバから水分が出て、塩が入っていく。

きれいに塩を洗い流す。

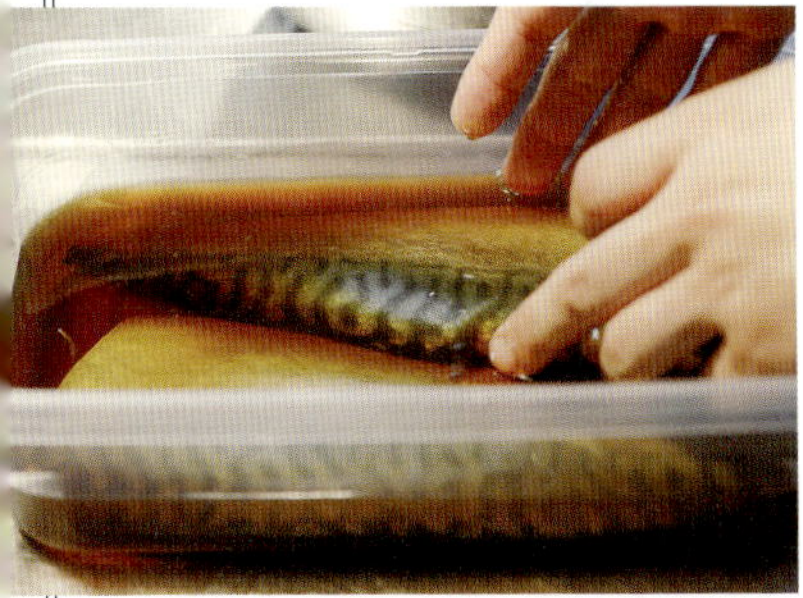

キッチンペーパーをかぶせると酢は少なくて済む。

おうち寿司ノート

サバの押し寿司は郷土寿司のスター選手

いろんな地域でつくられ、多くの人に愛される郷土寿司と言えば、サバの押し寿司をおいて他にないでしょう。サバを酢でしめて押し寿司にするだけという手軽さと、なんと言っても脂がのったしめサバと酢飯の組み合わせが絶妙。何度食べても美味しく、もっと日常的に食べてもらいたいお寿司のひとつです。

サカナのしめ方もそんなに難しくない。光り物ではサバが一番時間がかかるので、しめサバさえ攻略できれば、あとはしめたもの。

なお、今回は隠し味として刻みしょうがとごまを使いました。多くの郷土寿司がある郷土寿司大国の高知では酢飯にこの2つを混ぜていて、風味や酢飯の味が引き立つ。とりわけ、しめサバとの相性がいいので、レシピに加えてみました。

家族や親しい人とワイワイつくる

ひな壇手まり寿司

最近では桃の節句でも、ひな壇を飾ってお祝いをする家はだいぶ少なくなってきたように思えます。でも、せっかく日本の素敵な伝統行事なのですから、きちんとお祝いしたいし、次の世代にも大切に残していきたいところです。

おうち寿司としては、こういう日に家族や親しい人たちとワイワイしながらみんなでつくれるお寿司ということで、お寿司でひな壇をつくってしまう「ひな壇手まり寿司」を考えました。

おそらくこんなひな壇、どこにもないし、誰もつくったことがないでしょう。マグロの赤身で壇さえつくれば、人形に見立てた手まり寿司には自分の好きなネタや思い思いの具材をトッピングするだけ。世界でひとつのひな壇が完成します。撮った写真をＳＮＳにアップすれば、キャラ寿司以上の話題を集め、きっと多くの「いいね！」を集められるはず。当然楽しんだあとは、みんなで美味しくいただきましょう。

材料

酢飯……4合
マグロ赤身……500g
しめサバ……適量
エビ……適量
ツナ缶……適量
醤油麹……適量
三つ葉……適量
トロ……適量
錦糸玉子……適量
黒ごま……適量
ラディッシュ……適量
醤《ひしお》……適量
キャベツ……適量
梅干し……適量
煮アナゴ……適量
紅白かまぼこ……適量
きゅうり……適量

壇が重くなるので傾かないように押し固める。

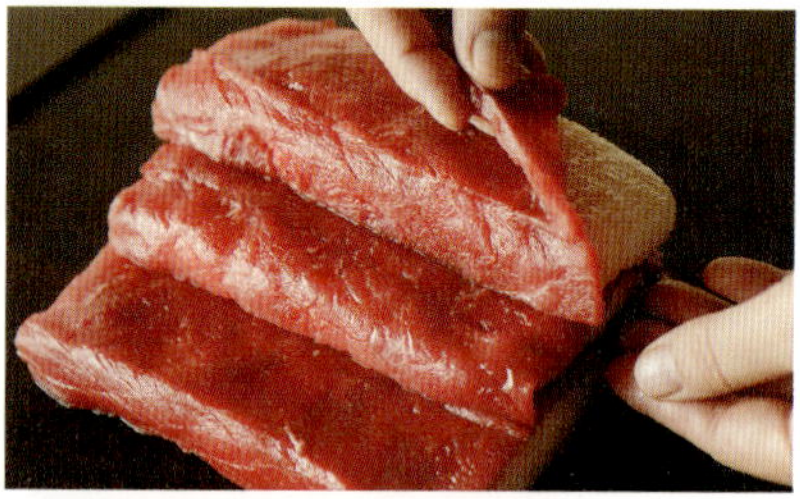
できれば生のマグロを使った方がいい。

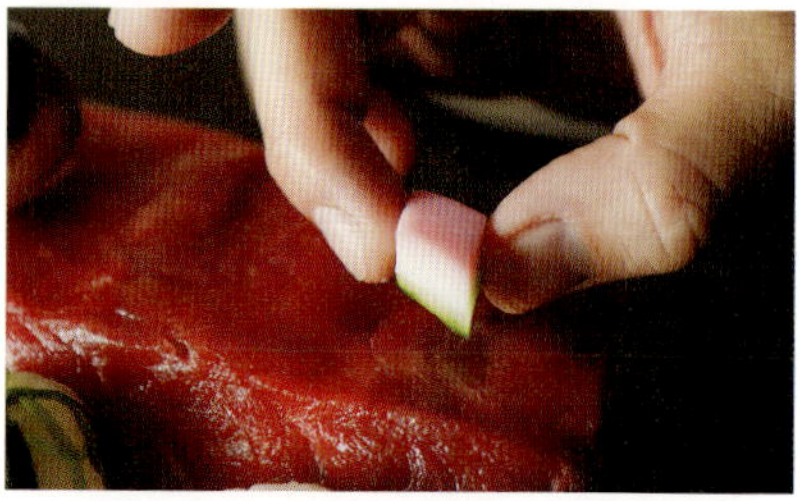
かまぼこの下にきゅうりを合わせ菱もちの代わりに。

エビの尻尾をお内裏様の冠に見立ててみた。

① 三つ葉とキャベツは茹でておく。ツナを醤油麹で和え、錦糸玉子を用意する。紅白かまぼことキュうりを菱形に切る。

② 押し寿司のように押し固めて酢飯で壇をつくる。下壇が13cm×15cm（500g）、中壇が9cm×15cm（300g）、上壇が6cm×15cm（250g）を目安にする。

③ 残りの酢飯で手まり（直径3cm、20g）を10個つくり、上に具をのせる。

④ マグロを5mm厚に切り、各壇のサイズに合わせて切る。それを毛氈《もうせん》のように壇に敷く。

⑤ 下壇左から、エビ、錦糸玉子、黒ごまにラディッシュと醤《ひしお》、キャベツに梅、アナゴをのせた手まりを並べる。

⑥ 中壇には、醤油麹和えのツナ、茹でた三つ葉、トロ、上壇にはしめサバとエビをのせた手まりを並べる。菱もち型のかまぼことキュうりを飾る。

＝もっとくわしく！＝

切り分けることを考えるなら、しっかりと押す

押し寿司づくりのポイント

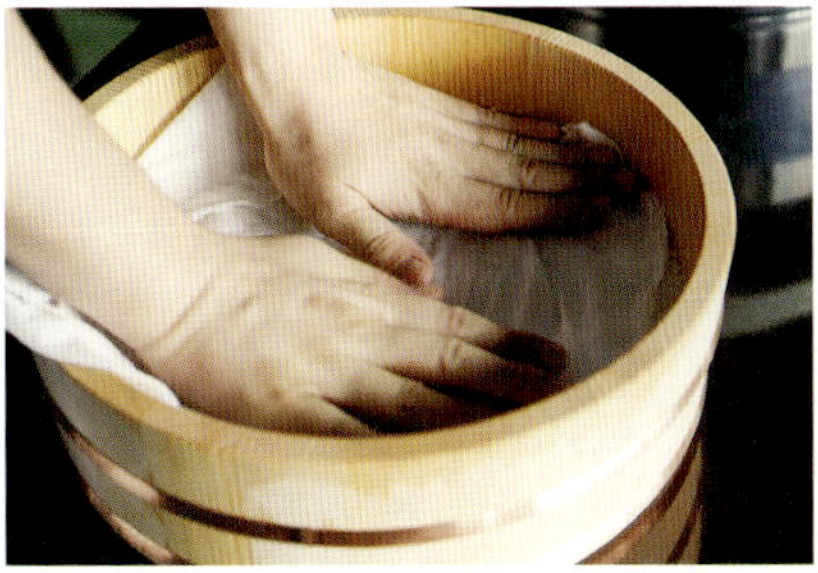

左）さらしの上からげんこつで押す。
下）両手の平で押すと、全体が均等の硬さに仕上がる。

酢飯と具材をなじませるだけなら、押し寿司といっても押し固めることはせず、ふわっとした感じを残したままにする「半押し・軽押し」が理想的です。あまり硬くなると美味しくなくなってしまいます。

ただ、できあがったお寿司を切り分けて食べる場合は、しっかりと押し固めておかないと、切るときにバラバラと崩れることがあります。

押す際は、力を入れて押していきます。濡れたさらしを酢飯の上に敷いて、最初はげんこつで押し、次いで両手の平で押していく。こうして、すべてを均等に押し固めておかないと崩れやすいので気をつけてください。

ひな壇のような土台はラップに包んで成形したり、四角い保存容器の角を利用したりするとつくりやすいでしょう。

おうち寿司ノート

みんなで一緒につくる それがおうち寿司の作法

季節の行事だけでなく、なにかのイベントやお祝い、知人友人を呼んだホームパーティなどで最適なおもてなしとなるのがお寿司だと思います。もうひとつの魅力がみんなで一緒につくれる点でしょう。

ここで紹介した「ひな壇手まり寿司」は1時間位でできあがります。のせる具材も決まりはなく自由。子どもやパートナー、おじいちゃんおばあちゃん、それに親しい友人たちと思い思いの手まりをつくり、仕上げていく。そんな時間が楽しいのがおうち寿司です。

そして完成したお寿司を今度はみんなで食べていきます。手まりをつまみ、マグロで覆った壇を切り分け、きれいに平らげる。つくるとき同様、美味しい時間はあっという間に過ぎていきます。

ホワイトデー

お返しと日頃の感謝を包む

いなり寿司

プレゼントのお返しは、贈る人をどのくらい大切に思っているのかが測れ、同時に自分のセンスが問われる重要な一品。高額なものを買って贈るより、手づくりの方がポイントは高そうです。

「いなり寿司」は普段あまり料理をしない男子でも比較的つくりやすいお寿司です。油揚げの下ごしらえさえ済ませておけば、あとは酢飯を詰めるだけ。自分なりの思いを伝えるには、少しだけ混ぜる具材を工夫してみることです。左のいなり寿司ではクリームチーズにブラックペッパー、黒豆、それに牛しぐれ煮などを使ってみました。

どうせだったら、食べたあとも愛用してもらえそうなかわいらしい弁当箱、たとえば曲げわっぱなどに詰めて贈れば、相手の心を射止めること間違いないでしょう。いなり寿司は、普段食べる機会が多い割に自分ではあまりつくらないお寿司でもあるので、意外に手づくりがもたらす効果は大きいかも。

材料

油揚げ……3枚

【煮る調味料】

水……100㎖

みりん……20㎖

醤油……20㎖

砂糖……15g

酢飯（ひとつ当たり）……約50g

クリームチーズ……適量

ブラックペッパー……適量

酢漬けきゅうり……適量

酢漬けパプリカ……適量

かんぴょう煮……適量

ガリ……適量

白ごま……適量

黒豆煮……適量

山椒……適量

木の芽……適量

牛しぐれ煮……適量

しょうが……適量

茹で三つ葉……適量

中が空洞になったいなり用だと、より簡単。

いなりを包まずにオープンにすると華やか。

彩りを考えながら。かんぴょうはリボン風に。

1. 油揚げを煮る（P33参照）。

2. 中の酢飯を表に見せる、「包まずいなり」の場合は油揚げを2cm程内側に折り込んで酢飯を詰めていく。

3. P31の左端は、クリームチーズと酢飯を混ぜ、上にブラックペッパーをふる。

4. 左から2番目は、酢漬けにしたきゅうりとパプリカを細かく刻んで酢飯に混ぜて詰める。

5. 真ん中はガリとかんぴょう煮を刻み、ごまを酢飯に混ぜ、油揚げで包んでからかんぴょうで結ぶ。

6. 右から2番目は、詰めた酢飯の上に黒豆煮をのせ山椒をふって木の芽を添える。

7. 右端は酢飯に牛しぐれ煮をのせ、刻んだしょうがと三つ葉を添える。

＝もっとくわしく！＝

美味しく煮るにはまず、油抜きをしよう

油揚げの煮方

上）ザルの上に油揚げを並べる。
下）全体に熱湯をかける。

おうち寿司ですから、いなり寿司に使う油揚げも自分で味つけしましょう。一見、煮方は難しいように思われますが、意外に簡単です。ここで失敗しない煮方を教えましょう。お豆腐屋さんなどでは、「いなり用」という、中が開きやすくなった油揚げを売っています。こうした油揚げを使うと包みやすく便利です。

まず、買ってきたら最初にやらなければならないのが油抜きです。油揚げは結構油を含んでいるので、そのままだと油っぽくなってしまう。そこでザルにのせ、熱湯を表側、そして引っくり返して裏側に、それぞれ10秒程かけてください。

冷めてきたら、半分に切り、重ねて両手ではさんで水気をしっかり取る。次に、調味料を合わせた鍋を火にかけ、かき混ぜて砂糖が溶けたら、油揚げを入れます。落としぶたをして中火でグツグツと煮る。だいたい汁気がなくなるのが目安で、時間にしておよそ30分。これでいなり用の油揚げが煮上がります。

おうち寿司ノート

東日本と西日本でいなり寿司文化が違う

油揚げで酢飯を包む。改めて考えてみると、実にユニークな形態のお寿司です。その誕生の経緯はいろいろとあるようですが、一説では棒寿司の変形とも言われています。棒寿司はサカナの身で酢飯を抱き込んで棒状にしたもので、油揚げをサカナの外皮に見立てて代用したというワケ。先人たちの食への探究心と創意工夫力はすごいです。

ちなみに、東日本と西日本では多少形が違っていて、東は俵形が多く、いなりを稲荷＝稲の荷物と書くことが由来とか。一方西は三角、中も東が酢飯だけに対して具を混ぜる傾向があるようです。これはキツネの耳をかたどったという話もありますが、そもそも油揚げは東が長方形なのに対し、西は正方形だからということも理由だと言われています。

桜満開

花見の席で盛り上がること絶対の

酒《さけ》ずし

桜の木の下では、ぜひともおうちでつくったお寿司を食べていただきたい。でも、いろいろな人たちの目にとまる機会だけに、「えっ、なに？」と驚かせたいところ。そこで、多くの人が見たことも聞いたことも、そして食べたことがない「酒ずし」を紹介しましょう。

名前のごとく、お酢の代わりに日本酒を使う一風変わったお寿司です。実は鹿児島に伝わる郷土寿司なのですが、地元の人でもあまり食べたことがないという。ただ、春に出てくる海の幸や山の幸をふんだんに使うので、季節を感じるにはこの上ないお寿司と言えます。

仕込んでから数時間、ならす必要があるので、前日からつくっておけるのもいい。当日の席でお重を開けると、お酒の香りとともに酒ずしが登場する。もう宴で注目を浴びるのは間違いないでしょう。ただし、あくまでもお酒が飲める人限定。お子様は厳禁の、大人のお寿司でもあります。

材料

米	2合
酒「高砂の峰」	300㎖
たけのこ	80g
干ししいたけ	2個
三つ葉	1わ
さつま揚げ	100g
かまぼこ	100g
薄焼き玉子	適量
タイの刺身	30g
イカの刺身	30g
エビ	30g
サバの刺身	30g
木の芽	適量
塩	適量
醤油	適量
砂糖	適量
カツオ出汁	適量

酒ずしには鹿児島の地酒「高砂の峰」が欠かせない。

ごはんが発酵して甘くなるので塩気もポイント。

ごはん、具材、ごはん、具材の4層構造にする。

菱形にすると、特別なお寿司感が演出できる。

① 炊いたごはんをボウルに入れて冷ます。熱をもっていると酒で漬け込んだときに発酵が早く進んでしまうのでよく冷ます。

② たけのこ、しいたけを調味料(醤油・砂糖・カツオ出汁・酒「高砂の峰」)で煮る。三つ葉とエビは茹でておく。

③ すべての具材をひと口大に切る。薄焼き玉子だけ菱形に。

④ 酒半分をごはんにかけ、混ぜる。

⑤ 重箱の底に塩をふり、そこに半分の量のごはんを広げ、上にしいたけやたけのこを散らす。

⑥ 残りのごはんを上に広げ、三つ葉(半量)、さつま揚げ、かまぼこ、タイ、サバ、イカを散らす。

⑦ その上に残りの三つ葉、エビ、菱形の玉子を散らし、最後に木の芽を添える。残りの酒を全体にかけ、5〜6時間漬け込む。

＝もっとくわしく！＝

火入れしていない灰持酒《あくもちざけ》が酒ずしの美味しさの肝

鹿児島の地酒「高砂の峰」の正体

高砂の峰は紹興酒に似た赤茶色で香りも似ている。味は甘い料理酒。

これが灰汁。強いアルカリ臭がある天然の防腐剤。

　酒ずしには「灰持酒」という特別なお酒を用います。ごはんから具材の下ごしらえまで、すべてこの灰持酒を使っていきます。樫《かし》の木を燃やした灰とお湯を混ぜたときにできる上澄みの灰汁《あく》を加えてつくる、古来から日本に伝わる自然醸造法で、強アルカリ性の灰汁が天然の防腐剤となって細菌の繁殖による腐敗を防ぐため、火入れしなくても常温で保存ができるわけです。

　加熱殺菌をしていないので、麹や酵母由来の酵素がそのまま生きており、食材の旨味を引き出してくれる。だから酒ずしが美味しくなるのです。ただ、火入れの酒づくりが主流となった今ではつくるところもなく廃れていました。そんな中、鹿児島市にある酒蔵、東酒造《ひがししゅぞう》さんが１９５５年に復活させた灰持酒が「高砂の峰」です。

おうち寿司ノート

美味しく健康的に酔える酒ずしは「食べる点滴」

　どうしてこんな変わったお寿司が鹿児島で生まれたのでしょう。気になったので鹿児島まで取材に行ってきました。どうやら薩摩時代の武家社会で生まれたようで、当時、大っぴらにお酒が飲めなかった女性たちがこっそりごはんにお酒を入れたとか、宴会の残り物をひとつにまとめておいたら美味いお寿司になったとか。さすが芋焼酎の本場。酒豪が多そうな土地柄ならではの話です。

　海の幸と山の幸をふんだんに使い、それをお酒に漬け込んでならす。いわば発酵食品で、地元では「食べると元気になる」とも言われています。栄養豊富な甘酒をよく「飲む点滴」と表現しますが、酒ずしはさしずめ「食べる点滴」でしょうか。この酒ずしについては、１３８ページでさらに詳しくレポートしています。

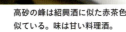

新入学

みんなで初々しい気分を祝いたい

ばらちらし

新入学。家族にいれば当然ですが、仮にそうした人がいなくてもこの季節はなんとなく初々しいお祝いムードが街に充満します。そんな気分を祝うのにふさわしいのが「ばらちらし」でしょう。黄色、白、緑に赤と彩りを見るだけでも華やいでくるし、食べても美味しい。

お手本にしたのが、京都・京丹後の郷土寿司である「丹後ばらずし」。サバのおぼろをちらしのベースにするのが特徴で、甘辛いおぼろがちらし全体の味を引き締めてくれます。

丹後では、お祭りやお祝い事、学校の行事となにかあるとつくられています。なにしろ他の地域ではあまり見かけない特大サイズのサバ缶が地元では売られているほど。それだけみんな大好きな郷土寿司なのです。

ちらし寿司のいいところは飯台でつくって、それをみんなでワイワイ言いながら食べていけるところ。美味しく、幸せなおうち寿司時間が満喫できます。

材料

酢飯……………3合
サバ水煮缶詰
…………190g 2個
かんぴょう……60g
高野豆腐………25g
干ししいたけ…30g
絹さや…………20g
錦糸玉子……卵2個分
かまぼこ………30g
紅しょうが……30g

汁気を飛ばし、ポロポロになるまで炒める。

酢飯を広げた上に、サバのおぼろを全体に散らす。

酢飯、具材、酢飯、具材と4層構造に。

紅しょうがの赤色で彩りを添える。

① 戻したかんぴょう、高野豆腐、しいたけを各々調味料（醤油、酒、砂糖、みりん、P82参照）で煮て、高野豆腐は短冊に、それ以外はみじん切りにする。

② 絹さやを茹でて刻み、かまぼこもひと口大に切る。

③ サバ缶の汁を切って、フライパンに入れ、中火で汁気がなくなるまで炒めておぼろにする。

④ 飯台に半分の量の酢飯を広げ、サバのおぼろ、次いでかんぴょうを各々半分の量ずつ散らす。

⑤ 上に残りの酢飯を広げ、残ったサバのおぼろ、次いでかんぴょうを散らし、さらに高野豆腐、錦糸玉子、しいたけ、かまぼこを散らしていく。

⑥ 最後に、絹さや、そして紅しょうがを散らす。

＝もっとくわしく！＝

料理道具であり器になるお寿司のマストアイテム

飯台の上手な選び方と使い方

おうち寿司を日常的に楽しんでいくのなら、飯台があると便利です。木曽さわらや秋田杉といった木でできているので、酢飯の余分な水分を吸ってべたつきを防ぐし、いい具合の湿り気を保って酢飯が乾き硬くなることからも守ってくれる。ちらし寿司や手巻き寿司では、器として卓上の盛り上げ役になります。

大きさは3合から一升《しょう》を超すものまでと様々。4人家族なら3合から4合サイズが良さそうですが、小さいと酢飯が切りにくいので多少大きめを買うことをおススメします。使う前は10分ほど水を張って十分に飯台に水を浸み込ませておくと、飯粒がつきにくくなります。使用後は洗剤を使わずにたわしなどで洗い、しっかりと水気を切って陰干しをする。直接陽に当てると木が反ったりするので用心しましょう。

おうち寿司ノート

地元の愛にあふれる郷土寿司は実はレア

全国各地にある郷土寿司は、地元でも知られていなかったり、食べられることもない、絶滅危惧種的なものが意外に少なくありません。食べ継がれていないのはそれなりの理由があるのですが、その点、京丹後の「丹後ばら寿司」は稀有な存在です。

地元を訪れると、知らない人はほとんどいません。それどころか、「年に10回は食べる」という感じで、その土地で愛されていることがわかります。飲食店のメニューにもあるし、スーパーでも売っている。家でつくるものが多い郷土寿司では珍しい。

「まつぶた」という側面が取り外せる浅い木箱に詰める箱寿司系で、本場では切り分けて食べるので、押し詰めてつくります。カットするとまるでケーキのようにかわいい。関心のある方は132ページへ。

新生活開始

手軽にパパッとできる
手こね寿司

新年度となり、新しい環境で、違う生活が始まるという人もいるはず。この時期はなにかとソワソワして落ち着かないもの。ゆっくりじっくり料理という気分でもないでしょう。こうしたときは、超簡単で素早くできる「手こね寿司」がおススメです。

好みの刺身盛りを買って醤油漬けにして酢飯に混ぜるだけ。ちらし寿司のようにたくさんの具材を用意する必要はなく手軽です。そんな手こね寿司は、お茶碗によそってがっと食べるのが良さそう。刺身丼のようだけど、そこはやっぱり酢飯。簡単につくれてしまう割に、手をかけたごちそう感がするあたり、酢飯マジックと言えるでしょう。

なお、手こね寿司は三重県志摩地方の郷土寿司で、漁師さんたちの間で広がった漁師メシと言われています。ただし、くれぐれも名前のようにこねないように。酢飯がべたついてしまうので、あくまでも手で混ぜるだけで十分です。

材料

酢飯……3合
漬けマグロ……300g
醤油……適量
ガリ……適量
青じそ……適量

ガリがサカナの生臭さを緩和させてくれる。

漬け汁にもサカナの旨味が残っているので捨てずに使う。

漁師メシがルーツなので、混ぜ合わせは豪快に。

① ガリと青じそを細かく刻む。

② 飯台に酢飯を広げ、刻みガリを混ぜる。

③ 漬けたマグロ（p45参照）を入れ、手で豪快に混ぜる。

④ ボウルに残った漬け汁もかけて混ぜ合わせ、最後に刻んだ青じそを散らす。

＝もっとくわしく！＝

残った刺身を美味しく有効活用できる

醤油漬けのコツ

手順自体は至って簡単。ボウルに刺身を入れて醤油を全体に行き渡るようにかけて混ぜればOKです。そして刺身を手で触って、表面がねっとりとしてきたら漬けのできあがりです。時間は5分前後でしょう。

あまり漬け過ぎると色が変わってしまい、サカナの水分も抜けてパサついてしまうので要注意です。

こうした漬けにしておけば、翌日ぐらいまでは持つので、残った刺身を捨てずに済みます。マグロのような赤身だけではなく、白身の刺身でも美味しい漬けができあがります。

漬けをさらに楽しむなら、使う醤油の種類を替えてみるといい。醤油の味やコク、香りが違ってくることで、仕上がりの旨味も変わってきます。

醤油を替えてみると味の変化が楽しめる。

手早く混ぜ合わせる。

漬け過ぎると、パサつきやすいので気をつける。

おうち寿司ノート

混ぜるだけのシンプルさは あなどれないお寿司を生む

手こね寿司は、三重県志摩地方の漁師さんたちが、獲れたてのサカナを海の上でさばき、酢飯に混ぜる際、箸やしゃもじを使うのももどかしいというところから命名されたと言われています。確かに、素早くつくってすぐに食べたい気持ちが名前から伝わってきます。

こうした混ぜ寿司はいろんな地域に残っていて、同じ漁師メシというノリでは、香川県・小豆島にある「生《き》ずし」もそのひとつ（126ページ参照）。こちらは獲りたての小さなアナゴを骨ごと細かくし、酢でしめて混ぜています。具はこれだけの至ってシンプルなお寿司なのですが、これがあなどれない美味しさです。

単純にサカナの味を酢飯だけで堪能する。ときには手をあまり加えないことも、大切なのです。

おうちで
つくる
その壱

ガリを漬ける

いつも冷蔵庫にお手製ガリがある暮らし

お寿司を食べているときに、歯触りのいい食感と爽やかな甘酸っぱさで、アクセントをつけてくれるガリ。お寿司という交響曲のテンポを盛り上げていくにはなくてはならない一品です。

ガリはさほどの手間も要りません。しょうが（100g）の皮をむいて薄くスライスし、それを沸騰したお湯に入れ、再び沸騰したら5分ほどおいてザルに。熱いうちに合わせ酢（米酢50㎖、砂糖50g）に漬けます。これで冷めたら食べられます。

漬ければ漬けるほど味が馴染んできますので、ビンなどに入れて冷蔵庫で保存しておくといいでしょう。お寿司だけでなく、普段の食事の箸休めに食べてもいい。食が進むだけでなく、暮らしのテンポに小気味のいいアクセントをつけてくれることでしょう。

夏のおうち寿司

5月〜7月

思い思いの大きさで握る

片手握り寿司

端午の節句は、家族みんなでつくる「片手握り寿司」の出番です。握りと聞くと「なんだか難しそう」と思われるかもしれません。確かに、僕ら寿司職人にとっても一生勉強なのがこの握りです。でも、おうち寿司はそんなに生真面目になる必要はないでしょう。

握りの酢飯を「シャリ玉」と呼びますが、片方の手の平に酢飯をのせ、ギュッと握ってパッと開く。すると、誰がやっても一瞬にしてシャリ玉のようなカタチができあがります。ちょっと不格好かもしれませんが、それはそれ。おうちで食べるおうち寿司ですから、ふぞろいな握りもご愛嬌《あいきょう》です。

むしろ、普段、家事をやらないお父さんが握り、子どもも握り、おばあちゃん、おじいちゃんも握る。いろんなカタチや大きさのシャリ玉が勢ぞろいする方が楽しそうです。そうしてできあがったシャリ玉に、好きな具材をのせていけば片手握り寿司の完成です。

材料

酢飯（1貫当たり）……20g

【49ページの場合】

エビ……2尾
だし巻き玉子……2切れ
海苔……適量
アジ……2切れ
タイ……2切れ
マグロ……2切れ
煮アナゴ……2切れ

① 酢飯を片方の手の平にのせる。

② ギュッと握る。

③ パッと開く。

④ できたシャリ玉を皿に並べ、上に具材をのせていく。

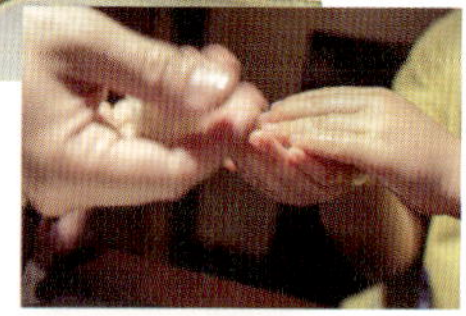

子どもの場合は片手でなく、両手で握っても構わない。

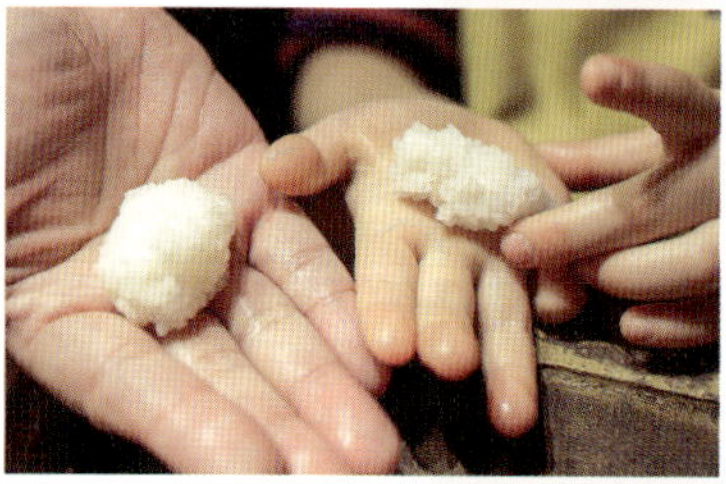

酢飯を使った、ちょっとした粘土遊びと思えばいい。

できたら、皿にバランスよく盛り付けていく。

最後に、好きな具材をのせていく。

もっとくわしく！

ずっと手が湿っている状態を保つこと
手に飯粒がつかない秘訣

5%の酢を加えた水（手酢《てず》）を用意しておくと酢飯が水っぽくならない。

おにぎりをつくるときもそうですが、手に飯粒がついて困ったりしていませんか？ それは手が湿っていないことが原因です。常に手が湿った状態にすることで、飯粒がつかなくなります。

まず、握りをする前にボウルに水を張って、手首まで浸けるようにしてください。1分位たったら水から出し、いったん乾いた手ぬぐいで水気がなくなるまでしっかりと拭きます。そして再び手首まで水に浸けます。今度は30秒位で出して、水気を拭き取り過ぎない程度に拭いておきます。

この状態で握って飯粒がまだつくようなら、また水に浸けて拭くを繰り返してみてください。手の湿り気は個人差があるし、冬場と夏場でも状態が違ってきます。何度かやるうちに、自分の手の具合がわかってくるでしょう。

おうち寿司ノート

江戸時代に生まれた 東京の郷土寿司が握り寿司

全国の郷土寿司をまとめた『すしの事典』（東京堂出版）の著者、日比野光敏さんとは親しく、いつも郷土寿司のことを教えてもらっています。その日比野さんの本によると、江戸前握り寿司が誕生したのは文政の頃（1820年代）。両国に店を構えていた華屋与兵衛《はなやよへえ》という人が最初に握り寿司を出したそうです。

当時、江戸前（江戸湾）で獲れたサカナを酢飯と合わせて箱寿司にするのが一般的だったところ、押しつけるのが手間。また押すことでサカナの脂分が抜け出してしまうのを嫌い、握りを考案したとか。サカナを塩や酢でしめてから握りにしていたようで、刺身をそのまま握るスタイルは冷蔵庫が普及してからのようです。ちなみにわさびをはさんだのは殺菌効果を考えた知恵だったそうな。

寿司花壇

感謝の花を酢飯に咲かせる

高知県には、野菜ばかりを具材にした「田舎ずし」という郷土寿司があります。山の幸であるたけのこにみょうが、きのこといった旬の野菜を使って棒寿司にしたり、握りにしたり。緑やら紫、茶色と色合いがかわいらしくてきれい。そして野菜のシャキシャキとした歯ごたえと酢飯が、なんともいい感じにマッチしているのです。

この田舎ずしを見たときに、さらに華やかに盛れば母の日のお花のようなお寿司ができるのではと思いました。そこでつくってしまいました。酢飯を土に見立て、そこに多彩な花を咲かせていく「寿司花壇」です。

マグロの刺身で花をつくってもよし、鮮やかな色合いの野菜をギュウギュウに詰めてお花畑にしてもいい。そして最後に、お母さんが大好きな本物の花のブーケを片隅に添える。どうでしょう、これで日頃の感謝をどうにかカタチにして渡せるのでは。

材料

酢飯……………… 400〜500g
醤油………………適量
アルファルファ…………適量
リーフマスタード…………適量
エンダイブ…………適量
ブロッコリースプラウト…………適量
れんこん…………適量
みょうがの甘酢漬け…………適量
芽ねぎ…………適量
レッドキャベツスプラウト…適量
パプリカ（黄色・赤・オレンジ）
……………………適量
グリーンアスパラガス…………適量
ラディッシュ…………適量
しめじ…………適量
絹さや…………適量
たけのこ…………適量
ミニトマト…………適量
マグロの刺身…………適量
タイの刺身…………適量
バラ…………適宜

重箱の半分位までを酢飯で詰めて、平らに広げる。

生野菜が多いので、酢飯を醤油で味付けしておく。

生けた花は後ほどグラスなどに挿しておく。

① れんこんを素揚げし、アスパラガスと絹さやは茹でる。しめじを炒め、たけのこを煮ておく。

② 重箱の半分の高さまで酢飯を詰め、全体に醤油を軽くかける。

③ アルファルファを芝生に見立てて詰め、他の野菜も色合いが重ならないように並べていく。丸いカタチや尖ったものも交互に。

④ 4切れのマグロの刺身を端で重ね、巻いて花をつくる。

⑤ バラの花は茎のところをラップに包んで樹液が酢飯に入らないようにしてから、片隅に生ける。

＝もっとくわしく！＝

残ったみょうが風味の甘酢も有効活用できる

みょうがの甘酢漬けのつくり方

甘酢に漬けると鮮やかなピンク色になる。

さっぱりとした味わいが楽しめ、保存もできるみょうがの甘酢漬けも、ぜひ覚えて欲しい一品です。

最初に甘酢をつくっておきます。みょうが3本分なら、米酢50㎖に砂糖20gを鍋に入れ、火にかけて砂糖を溶かしながら酢を飛ばします。これで甘酢は完成。次いでみょうがは縦半分に切って、沸騰した熱湯に入れます。1分位すると白っぽくなるので、ザルにあげます。熱いうちにひとつまみ塩をふり、熱いまま甘酢に漬けます。30分から1時間程で鮮やかなピンク色に変わりできあがり。

みょうがを漬け終わったあとに残ったみょうが味の甘酢もいろいろ使えます。刻んだしょうがを入れておけばみょうが風味のしょうがとなる。これがまた美味い。キャベツや玉ねぎを下茹でして漬けてもいいでしょう。

おうち寿司ノート

郷土寿司大国の高知を訪れると寿司職人の寿司脳が刺激される

野菜を使った田舎ずしをはじめ、高知にはユニークな郷土寿司がたくさんあります。その種類の多さはおそらく日本一。どうしてこんなに多彩な郷土寿司が高知で生まれたのか、詳しい現地レポートは146ページにまとめていますが、常に新しいお寿司の創作に努めている僕にとって、高知はとても魅惑的なところです。

出会う郷土寿司がどれも興味深く、それが新たなレシピを考える上で刺激になる。まさにアイデアの宝庫です。やっぱり、美味しいものを食べると人は幸せになり、頭も物凄い勢いで回転し始めるわけです。

古くから伝わる郷土寿司には日本の食文化や暮らしの知恵が凝縮されており、同時にそこには新たな食を生むヒントも隠されている。原点回帰の大切さを教えてくれます。

父の日

ヘルシーさがメタボ対策にも？

おから寿司

このところお腹周りを気にしているお父さんや旦那さんには、ちょっとヘルシーな「おから寿司」をつくってお祝いをするのはいかがでしょう。酢飯を使わずにおからを用いるお寿司です。そもそも、酸っぱいおからというのが想像できないかもしれませんが、これが意外に癖になる美味しさなのです。

高知県宿毛《すくも》市の郷土寿司で、キビナゴがよく獲れる土地柄なので本来はキビナゴを使っています。真ん丸の手まりになったおからがキビナゴをほおかぶりのようにかぶっている様がなんとも愛らしく、そんな魅力は地元を超え、ＪＡＬのファーストクラスの機内食にも採用されているほどです。

今回は蒸しエビやタイの刺身も使ってみましたが、白身のサカナならなんでも合いそう。おからは冷凍もできるので、食べたいときに解凍すればいい。この際、父の日と言わずに、おうち寿司の定番にしてもいいかもしれません。

材料

おから……………300g
サラダ油…………50ml
刻みしょうが……30g
焼きサバ…………30g
豆乳………………100ml
砂糖………………10g
米酢………………50ml
醤油………………10ml
キビナゴ…………5切れ
エビ………………2尾
タイの刺身………6切れ
木の芽……………6枚

焼きサバがおからの旨味になる。他の白身でもOK。

おからを投入。焦げつかないように炒める。

フワフワと包み込むように手まりをつくっていく。

おからのサイズに合わせて具を切り、かぶせる。

1. キビナゴは酢でしめ（身が白くなるまで。p63参照）、エビは茹でておく。

2. フライパンを熱し、油を入れ、刻みしょうが、次いでほぐした焼きサバを入れ、強火で炒める。

3. おからを入れ、豆乳、砂糖、米酢を加え、さらに炒める。豆乳を加えることでコクが出てくる。

4. 醤油を加え、全体にしっとりとしたら火を消し、冷ます。

5. 冷めたおからを片手にとり、両手でこねながら手まりをつくる。そこにキビナゴ、エビ、タイをのせ、最後にタイに木の芽を添える。

＝もっとくわしく！＝

おからを食べる機会をもっと増やしていこう

おから玉についての話

おからはいろいろな可能性を秘めた食材。

豆腐をつくる工程でできる副産物のおから。豆腐屋さんではお金を払って処分していますが、改めて食べてみると、やっぱり美味しいことに気がつきます。なによりもヘルシーだし、安いのも魅力。みなさんがもっと日常的に食べてもいい気がします。

なので、店などで見かけたら購入し、おから玉をつくっておくことをおススメします。手まり状態までつくって冷凍しておけばいい。あとは食べたいときに食べたい数だけ冷凍庫から取り出して自然解凍する。そうすれば、いつでもおから寿司ができてしまいます。

合わせるサカナはキビナゴでなくても構いません。白身のサカナであれば、たいていのものが合うと思います。かわいい外見はホームパーティなどでモテモテになること間違いなしです。

おうち寿司ノート

中華鍋を使っておからを炒める おから寿司の概念が覆される

高知県宿毛市では1年中、キビナゴが獲れます。そんなキビナゴ漁師のおカミさんたちから、おから寿司のつくり方を教わってきました（その模様は146ページで）。いきなり中華鍋を使って豪快におからを炒め始めたのにはビックリ。僕も奇想天外なお寿司をつくってきましたが、中華鍋を使うお寿司は初めてです。

ところが、できあがったお寿司は実に繊細でした。最初に油で炒めたしょうがが風味を出し、焼きサバの旨味や豆乳のコクがいい具合の隠し味となり、そして酢が利いたおからが絶品に仕上がっている。従来のおから寿司の概念を大いに覆されました。

普段はもっぱら酢飯にこだわる僕ですが、すぐにお店の一品に加えることにしました。

夏バテ解消！ 食欲がわいてくる

アジの棒寿司

暑い夏はどうしても食欲が落ち気味。こってりと脂がのったウナギもいいですが、「ちょっとヘビー」という方には酢飯が最適でしょう。お酢は食欲減退を解消するにはちょうどいい調味料です。

とりわけ夏向きなのが、お酢がしっかりと利いたアジを使うさっぱり系の「アジの棒寿司」。ひと口ほおばると、鬱陶《うっとう》しい日常にそよそよとした気持ちのいい風が吹き込んでくるような、涼しげな雰囲気を漂わせます。

夏は料理するのも面倒ですが、心配いりません。サバに比べるとアジは比較的短時間でしめられるし、酢飯にぴりりとしたしょうが、そしてアジをのせて巻き簾で巻くだけ。とても簡単です。

味、量とも軽めなので、メインの食事として出してもいいし、子どもたちのおやつ代わりでもいい。当然、大人たちのお酒のアテとしてもちょうどよく、人が集まったときなどの一品に加えると、お客さんから喜ばれることでしょう。

材料

酢飯……………100g
アジ半身…………200g
塩……………適量
酢……………適量
おろししょうが……適量

巻き簾にラップを敷き、酢飯を棒状にのせる。

酢飯が見えなくなるように、アジを並べる。

巻く途中でアジがはみ出ないようラップの両端を縛る。

引きしめないと切る際にバラバラになってしまう。

① 酢でしめたアジ（p63参照）の骨を抜き、皮をむき、ひと口大に切っておく。

② 巻き簾の上にラップを広げ、棒状にした酢飯をのせる。

③ おろししょうがを酢飯全体にのせ、その上にアジを並べていく。

④ 両手でラップを巻きながら引きしめ、全体を包み込む。

⑤ 最後に巻き簾で巻いて、しっかりと固め、引きしめる。

＝もっとくわしく！＝

あっという間に酢でしめられるのでお手軽

しめアジのつくり方

皮と身、両面にまんべんなく塩をふる。

こうして塩が入り、臭み水分が抜けていく。

しめアジの酢でしめる手順はサバのときと同じです。まず、三枚におろした状態のアジをザルの上にのせ、下にバットを置きます。身の方から塩を全体にふり、皮側に返してまた塩をふる。それで30分程おきます。

塩がしっかりと入ったようなら、水で塩を洗い流し、漬け酢にひたひたに漬けます。漬け酢を何度も使う場合は、しめサバのところでも触れましたが、酢水（真水に1割の酢を混ぜたもの）に一度くぐらせてから漬け酢に入れると、漬け酢が臭くなりません。こうしてものの15分でしめアジができあがります。

しめアジのポイントは骨をつけたまま酢じめにすること。骨を抜いてしまうと、抜いた隙間から塩が入り過ぎてしまうので、気をつけてください。しまったあとに、骨を抜き、皮をむく手順です。

おうち寿司ノート

おうち寿司で常備したい道具 巻き簾があるとヤル気になる

おうち寿司のマストアイテムと言えるのが巻き簾。ラップなどで代用することもできますが、やっぱり巻き物などは巻き簾があると、簡単にできるし、きれいに巻けます。

特に、巻き簾がいい仕事をしてくれるのが今回のような棒寿司系のお寿司です。棒寿司は基本的には切り分けて食べるもの。でも、庖丁を入れるときにボロボロとお寿司が崩れてしまうことが結構あります。せっかくつくったお寿司が、食べる直前で悲惨なことになってしまうのはとても残念です。

そんな災難を防ぐには、酢飯と具材をきちっと合わせ、引き締め固めることです。それには巻き簾が最適です。そんなに高価なものでもないし、しまっておくのにもジャマにならないので、ぜひお手元に。

おうちで
つくる
その弐

だし巻き玉子を焼く

熱々のうちに、何事も為さねばならぬ

艶やかでふんわりとしただし巻き玉子は食べる前から幸せな気分にさせてくれます。まず、用意するのは卵6個に対し、出汁90㎖、みりん35㎖、酒35㎖、砂糖30g、塩2g。出汁を火にかけすべての調味料をかき混ぜて沸騰させます。火を消し、鍋ごと氷水に入れてしっかり冷ます。次に卵を割って溶きます。泡が立つと玉子焼きに空気が入ってしまうので注意します。そこに出汁を入れます。

強火で熱々に熱した玉子焼き器に油を引き、まず卵液を1／3流し入れ素早くかき混ぜます。表面が半生になったら3重に巻き、奥に寄せてさらに1／3を入れ、半生になったら巻く。これを2回続けます。この間は常に強火です。

鉄は熱いうちに打てという言葉通り、どんなことも熱々に盛り上がっているうちに実行しなければ、成功しません。

秋のおうち寿司

8月〜10月

ご先祖さまにユーモアも供える ゆうれい寿司

お寿司の世界でもゆうれいが出る⁉︎ 実は山口県宇部《うべ》市に、「ゆうれい寿司」という名前の郷土寿司が本当にあります。どうにも気になって現地を訪ねました。すると正体は、具材を混ぜたりのせたり一切しない、真っ白な酢飯だけの角型押し寿司でした。

この見た目をゆうれいに見立てたのか、具材がまったくないことをゆうれいにかけたのか。なんでも江戸時代の中ごろからつくられているというから、昔の人はかなりユーモアに富んでいたことがわかります。今は酢飯だけでは食べてもらえないと、郷土寿司保存会の人たちは具材を入れてつくっていました。

といっても、表面は真っ白のまま。ゆうれいということで柳の葉を思わせるきゅうりの皮がぽつんと添えてあるだけ。すごくシュールなのです。そこで、おうち寿司でもその遊び心をいただくことに。ご先祖さまにお供えしてから、みんなで食べましょう。

材料

酢飯……1000g
干ししいたけ……適量
にんじん……適量
ごぼう……適量
白身魚……適量
せりなど旬の葉物……適量
錦糸玉子……適量
きゅうり……適量

詰めたお寿司を引っくり返すので、ラップを下に敷く。

すべての具材を酢飯でサンドイッチ状態に。

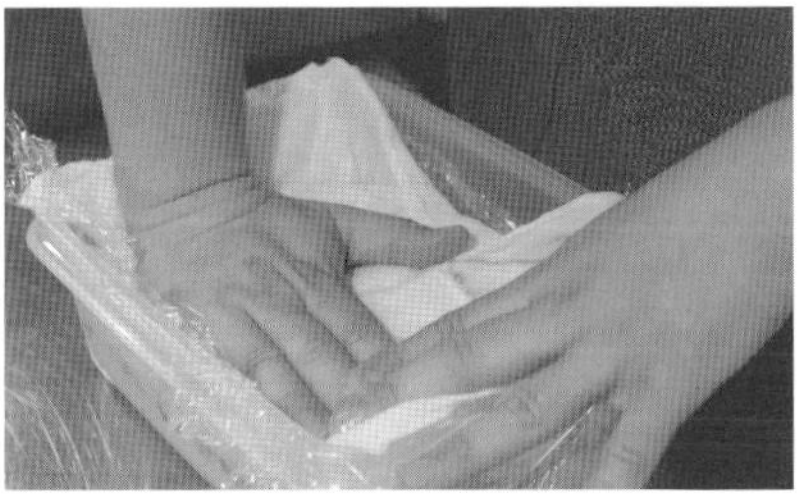
崩れやすいので角は特に念入りに押し固める。

庖丁を使って12等分に切り分けていく。

① しいたけを調味料（醤油、酒、砂糖、みりん、P82参照）で煮、にんじん、ごぼう、せりを茹で、各々みじん切りにし混ぜる。

② 白身魚は酒煎りしおぼろにしてから、酢飯に混ぜ合わせる。

③ せりを茹で、きゅうりの皮を柳の葉のように細く切る。

④ 保存容器にラップを敷き、その上に半量の酢飯を広げる。濡れさらしなどを使って均等に押して平らにする。

⑤ 混ぜた具材を上に散らし、さらにせり、錦糸玉子を散らす。

⑥ 残りの酢飯を広げ、濡れさらしの上から両手でしっかりと押す。

⑦ 保存容器ごと引っくり返し、容器、そしてラップを外す。

⑧ 12等分に切った上に、きゅうりの皮を添える。

＝もっとくわしく！＝

おうちにある四角い箱なら有効活用できる
崩れない角型押し寿司のつくり方

角が直角になった箱類で、手で押せる大きさのものなら押し寿司がつくれます。その際、全体に均等に圧を加えるとともに、角部分はしっかりと押しておくこと。側面がきりりと立つようにしておけば、箱から取り出して切り分けるときに崩れる心配はありません。押す際は手に体重をのせるように押すのがコツ。

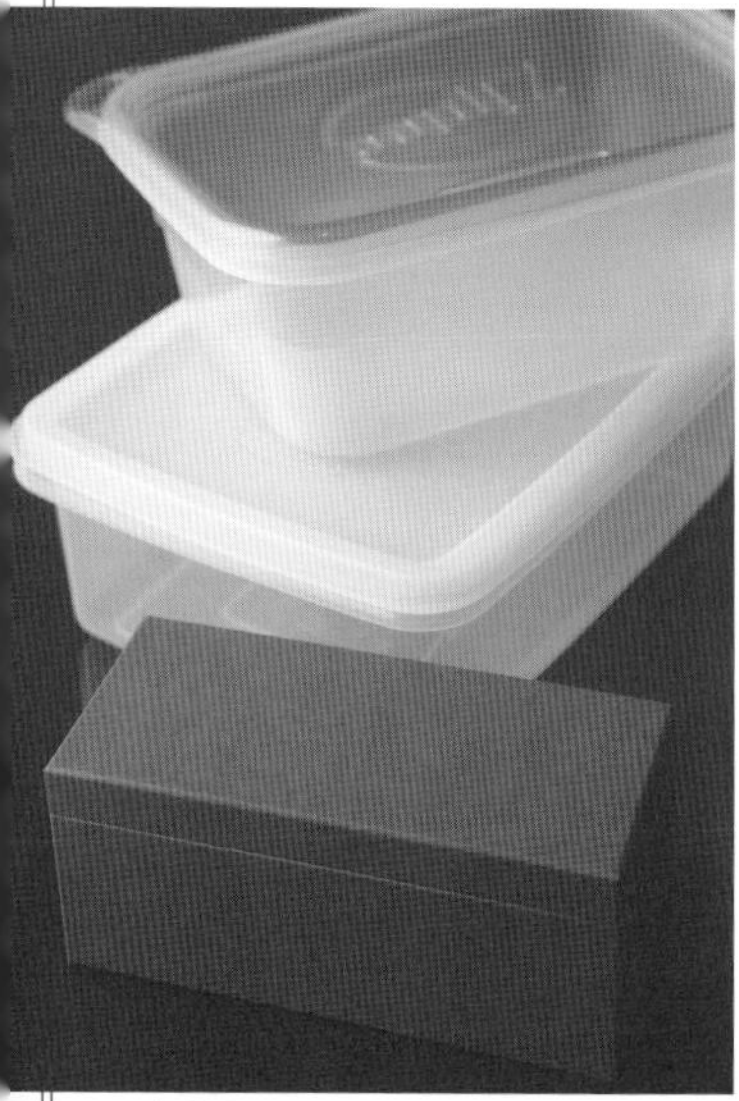

保存容器やケーキ類の箱などが使えそう。

おうち寿司ノート

時代に合ったカタチで郷土寿司を再提案したい

「今日、ゆうれいをつくろうか」。山口県宇部市ではそんな会話がよく交わされていたそうです。ただし、宇部市と言っても、山間の吉部《きべ》地区に限られた話で、隣の地区に行けばゆうれい寿司自体が知られていない。郷土寿司は得てして、ピンポイントの局地だけで食べられていることが多い、超レアなローカルフードなのです。

　つくり方を習った地元のおかあさんたち（おそらく60代かな）が子どもの頃は、具材がまったく入っていない正真正銘のゆうれいだったようです。今でも棚田が残る地域で、良質のお米の産地だったこともあって、具材がなくても美味しいお米だけで十分、お盆やお祭りのハレ料理だったわけです。

　でも、豊かな時代となった今では、昔ながらのスタイルのままでは食べてくれないと具材を入れ始めたのでしょう。今回紹介したゆうれい寿司のレシピは、地元でアレンジされて残っているものをさらに今の暮らしに合ったカタチに僕なりに再提案しました。

　全国各地にある郷土寿司は、地元でよく食べられ愛されているものがある一方で、継承する人がほとんどいなくて姿を消そうとしているものも少なくありません。

　残らないのは、つくるのに手間がかかったり、特別な具材が必要だったりといろんな理由があるのでしょうが、「子どもたちが喜ばない」「つくっても食べようとしない」ということで徐々に廃れていくケースもあるようです。

　古くからの伝統的なつくり方に固執しこだわっていくことも大切ですが、いつの時代でも美味しいお寿司であることが大前提ではないかと思います。

敬老の日

盛りに盛って贅沢にお祝いしたい

大名軍艦巻き寿司

ご年配の方たちへのお祝いのお寿司。あまりたくさんは食べられないかもしれないので、ひと口サイズに贅沢具材を盛りに盛る「大名軍艦巻き寿司」はいかがでしょう。

大トロにウニ、イクラ、マダイ、それにズワイガニ。多くの人が喜びそうなスペシャルな具材を、たったひと巻きにした姿はなんとも壮観だし魅力的です。しかも、この大物のネタたちを一緒に、そして同時に口にほおばる。きっと、噛むほどに様々な味と食感が口の中で共鳴し合うはずです。

なによりも、ためらいもなくひと口で食べ切ってしまう至福の瞬間がたまらない。贅沢はこうした一瞬ほど、キラキラと輝くものだと思います。そして、おじいちゃんおばあちゃんの喜ぶ顔が見られ、子どもや孫たちもそんな笑顔につられて笑顔になる。笑顔笑顔の大盛りこそ、みんなにとってこの上ないごちそうになるに違いないでしょう。

材料

【ひと巻き分】

酢飯……20g
海苔：幅3cm長さ16cm
大トロ……適量
ウニ……適量
イクラ……適量
ズワイガニ……適量
マダイ……適量
青じそ……適量

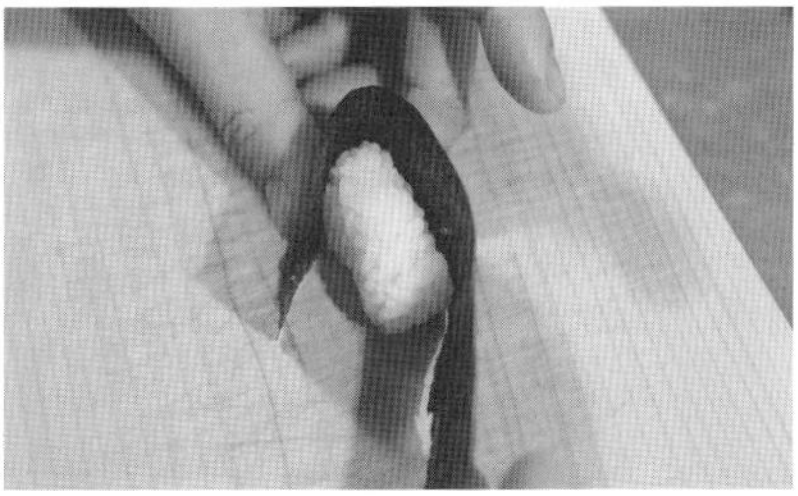

しっかりと握れなくても海苔で巻くので大丈夫。

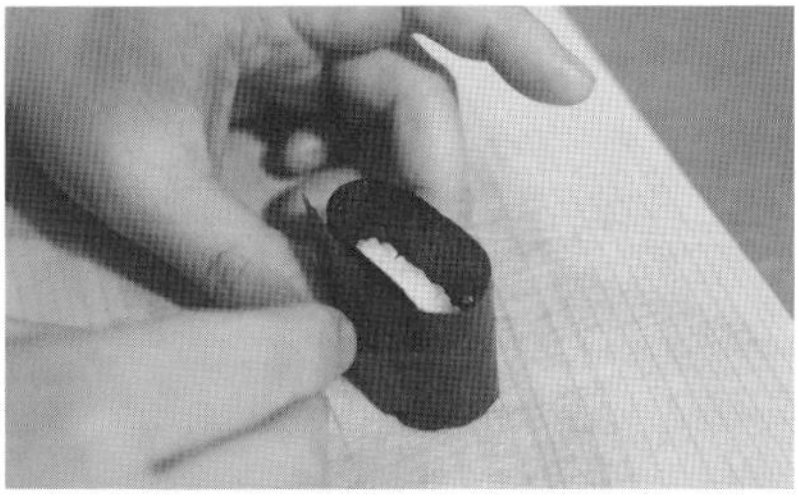

海苔はひと巻き半で終わるように。端を飯粒でとめる。

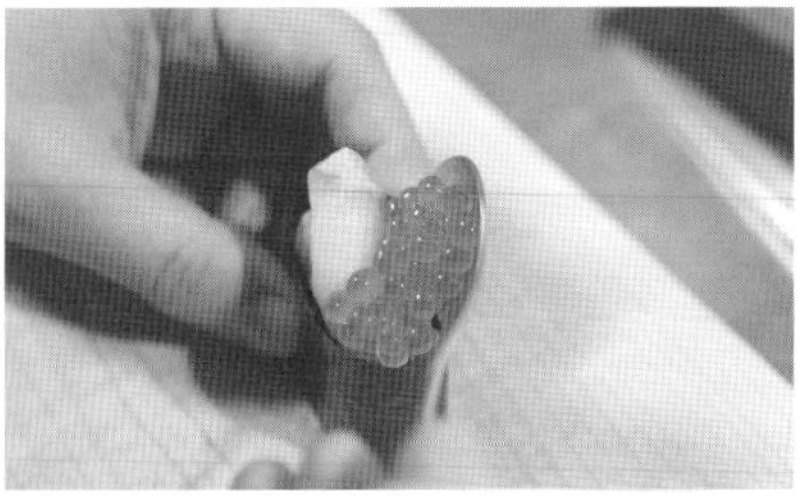

イクラやウニは最後に詰めると盛りやすい。

① 海苔の½位の高さになるように酢飯を握る。

② 海苔を巻き、飯粒で端をとめる。

③ 具材を端からのせていく。

④ 最後に青じそを添え、緑の色を加える。

＝もっとくわしく！＝

粘りと口溶け、どちらを選ぶ？

海苔の選び方

海苔の世界は踏み入るとかなりディープ。

海苔は用途によって、使うべき種類が違ってきます。選ぶ目安は、色、つや、香り、味、粘り、口溶けの6項目があります。色から味の4つはいろいろあるのでこのあたりは好みとなります。一方、粘りや口溶けは海苔をなにに使うのか、その用途で大きく分かれます。

巻き物寿司やおにぎりなどは粘りがあった方がつくりやすく、口溶けがいい海苔ではパンクしやすくなるので要注意です。口の中に入れたときに溶けやすいタイプは手巻き寿司などに向いていて、軍艦巻きもこちらの海苔を使った方がいいでしょう。

産地もいろいろあって奥深く、わかりにくいので、一番手っ取り早いのは、海苔の専門店でお店の方に用途を伝えて選んでもらうことです。多様な海苔で、その違いを楽しむといいでしょう。

おうち寿司ノート

握りのようであって、巻き物でもあるハーフなお寿司

軍艦巻き寿司は、海苔が酢飯と具材を巻き込む姿が軍艦に似ていることから呼ばれる、勇ましい名のお寿司です。ただ、その誕生の経緯は明らかではありません。そもそも不思議な立ち位置にあるお寿司です。

パクッとひと口で食べられるところはどう見ても握りと言えるでしょう。でも、海苔の中をのぞくと、魅力的な具材が巻かれ、海苔からこぼれそうな勢いで巻かれた状態は太巻きに似た感覚です。

お寿司は、もっと美味しい食べ方はないか、もっと新しいカタチはないかと創意工夫され、今日のように多様化してきました。軍艦巻きもきっと、握りと巻き物を同時に楽しみたい。そんなわがままな願望や食への飽くなき追求から生まれたお寿司なのでしょう。

野菜包み寿司

野外でお弁当感覚で食べたい

外で過ごすのが気持ちのいい季節がやってきました。この時期は野外で食事をする機会もなにかと多くなる。そこでお弁当感覚で食べられる、おうちならぬおそと寿司「野菜包み寿司」を考えてみました。

ネタ元にしたのが、和歌山県から奈良、そして三重県まで広がる吉野・熊野の郷土寿司「めはり寿司」です。本家は塩漬けにした高菜で包んだ握り飯ですが、白菜やほうれん草、キャベツ、それにレタスと日頃よく使う野菜を使ってみました。

中が酢飯だけだとあっさり過ぎるので、ちょっとアレンジ。白菜(写真左端)は梅にしそ、かまぼことさっぱり系で、ほうれん草(左から2番目)は脂ものが合うので、バターと醤油で炒めたホタテを包みました。キャベツ(同3番目)もこってりが合いそうなので、もやしのナムルとツナの醤油麹和え。程よい苦味のあるレタス(右端)にはさつま揚げと紅しょうがという感じです。

材料

酢飯…………各20g
白菜…………1枚
梅干し………適量
青じそ………適量
かまぼこ……適量
ほうれん草…適量
ホタテ………1個
バター………適量
醤油…………適量
キャベツ……1枚
もやし………適量
ごま油………適量
塩……………適量
ごま…………適量
ツナ缶………適量
醤油麹………適量
レタス………1枚
さつま揚げ…適量
紅しょうが…適量

野菜は酢飯を包むことを考えた大きさにカットする。

酢飯にのせるように具材を添える。

具材は包んだときにこぼれない量に調節する。

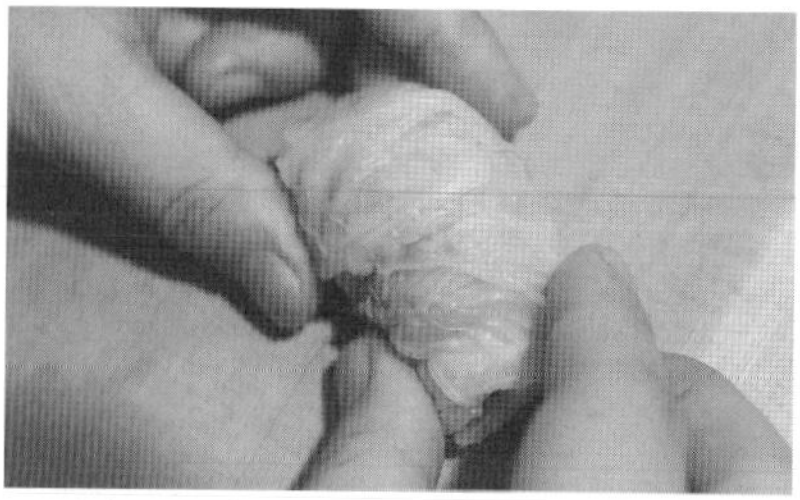

ロールキャベツをつくる要領で包んでいく。

①青じそは細切りに、かまぼこは細かく切る。半分に切ったホタテはバターと醤油で炒め、茹でたもやしをごま油、塩であえ、ごまをふる。ツナを醤油麹であえ、紅しょうがは千切り、さつま揚げは細切りする。

②茹でた野菜の上に酢飯をのせ、各具材を合わせる。

③野菜で包む。

＝もっとくわしく！＝

茹でたあとには必ず、冷水に浸けましょう

包む野菜の下ごしらえ

包む野菜の下処理はまず、硬い芯はあらかじめ切り落としておきます。そして熱々の熱湯にくぐらせます。野菜がしんなりとしたら、取り出して素早く冷水に浸けます。

キャベツの場合は他の野菜に比べて柔らかくなるのに多少時間がかかるので、およそ30秒、熱湯をくぐらせた方がいいでしょう。

ここでのポイントはあまり茹で過ぎないことです。柔らかくなり過ぎてしまうと巻きにくくなってしまいます。また、食べたときの食感があまり良くない。野菜独特のシャキシャキ感が残っていた方が美味しい。なので、茹でたあとの冷水は忘れないこと。冷水に浸けることにより余熱で加熱し過ぎるのを防ぎます。

お湯をしっかりと沸かす。

硬い部分を取り除いてくぐらせる。

しんなりとしたら、素早く冷水へ。

おうち寿司ノート

箸も茶碗も使わず済む 先人たちの知恵で包まれる

吉野・熊野の郷土寿司である「めはり寿司」はハレの日のお寿司というよりは日常的なお弁当に近かったようで、紀伊山中の林業従事者たちの携行食として継承されてきたと言われています。重労働だったので、食事も量が必要と握りは大きめ。そうした大きい握りを食べるときに口を大きく開けてかぶりつき、同時に目が張ったような顔つきになることからめはり＝目張りと呼ばれるようになったそうです。

一方で、酢飯を高菜で密閉するように包み込むから、目《め》張《は》りになったという説もあります。

いずれにしても、野外で箸や茶碗はいちいち使っていられない。そうした道具がなくても食べられるよう、葉っぱで包み、葉っぱごと食べるというスタイルが生まれたのでしょう。

ハロウィン

おうちにお持ち帰りができる

笹の葉寿司

今や日本最大のコスプレイベントにまで発展したハロウィンですが、おうちに訪ねてきた子どもたちにお菓子を渡すのがもともとの慣習。甘いお菓子もいいけど、日本式ハロウィンでいくなら、ここはお寿司でしょう。

酢飯の上にかぼちゃのペーストを塗ってあげれば、ハロウィンの決まり事はしっかりクリアします。あとは、黒ごまをふったり、サケのフレークを載せたりすれば、かわいい握りのできあがりです。

笹の葉で包む「笹の葉寿司」にすれば、手を汚さず食べることができるし、各人がおうちにお持ち帰りもできてしまいます。

全国各地に、こうした笹や柿、それにホオなどの葉っぱを使った郷土寿司が結構あります。丈夫で大きな葉っぱはお皿や保存容器代わりとして重宝されてきました。そんな食文化の話を子どもたちに聞かせてあげる、いい機会にもなるかもしれません。

材料

笹の葉……………適量
酢飯……………各10g
かぼちゃ…………適量
塩………………適量
黒ごま……………適量
サケのフレーク……適量

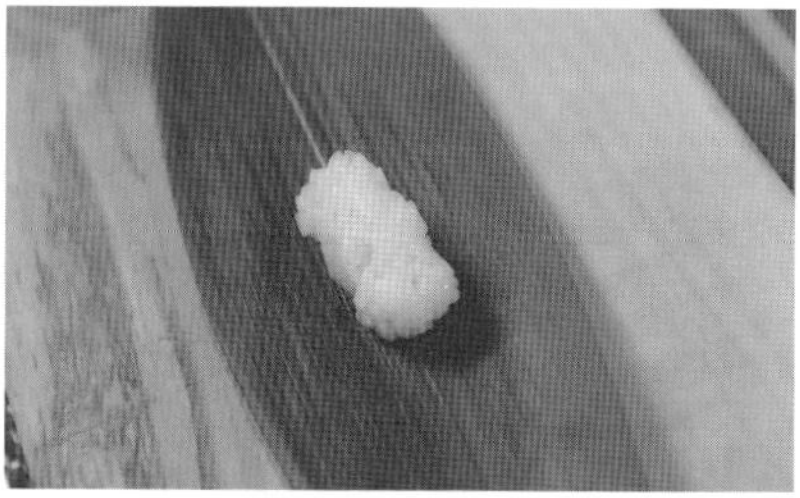
真空パックになった笹の葉がスーパーなどで買える。

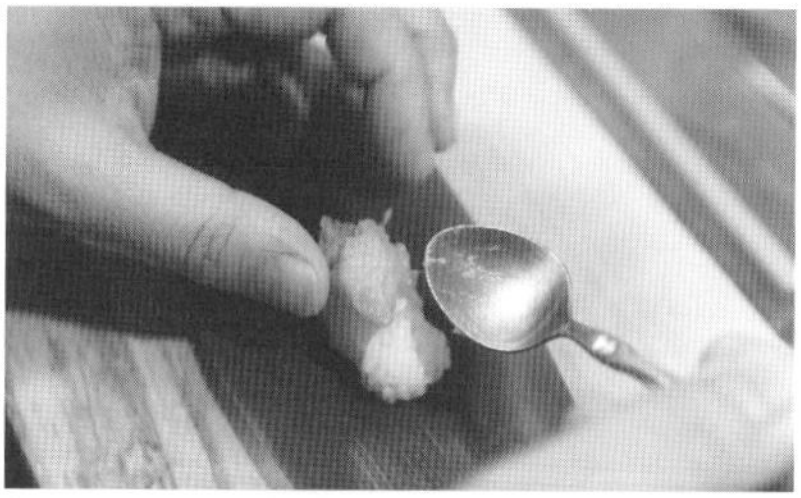
包みにくいので、握りは小さめにしておく。

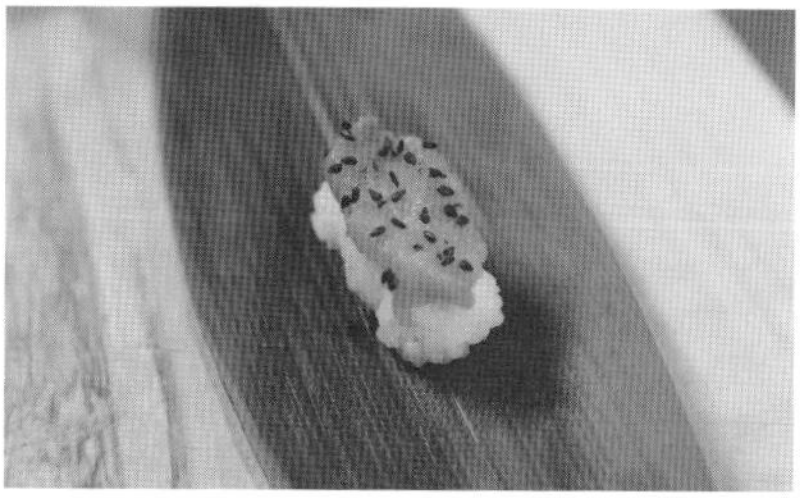
黒ごまをふると、ハロウィンカラーが完成。

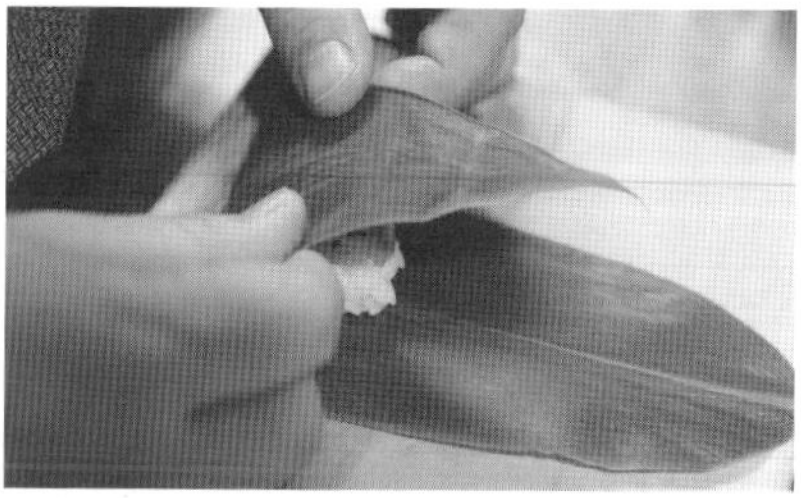
カボチャがはみ出さないよう、笹の葉で包んでいく。

① かぼちゃは皮をむいて茹で、実をすりつぶして、塩で味付けをしてペーストをつくる。

② 笹の葉の上に軽く握った酢飯をのせ、上にかぼちゃのペーストを塗る。

③ 黒ごまをふり、また別の握りにはサケのフレークをのせる。

④ 笹の葉で包み、ラッピング用のひもなどで結ぶ。

もっとくわしく!

笹の葉脈に沿って、折り畳んでいく

笹の葉の包み方

まず、上をかぶせる。

次は、脇をしめる。

クルッと１回転。

両サイドを包む。

最後まで巻く。

四方を包んで完成。

おうち寿司ノート

郷土寿司の名脇役は 近所に生えている葉っぱたち

高知県土佐清水市には「つわ寿司」という郷土寿司があります。その地域の家々の近くに生えているつわぶきの葉で酢飯をはさんで押し寿司にしたものです。つわの葉をむくと、硬く押し固められた立方体の酢飯が顔を出す。上に細かく炒った玉子とパセリをふりかけのように散らしただけの実にシンプルなお寿司です。

なんでも、漁に出た漁師さんが、揺れる船の上でもこぼさず、食べやすいように考えられたとか。暮らしの知恵から生まれた郷土寿司では、ときとして葉っぱたちが大活躍しています。緑豊かな自然と寄り添いながら生きてきた日本人らしい発想と言えます。それにしても、前出のめはり寿司といい、日常的に酢飯を食べてきた先人たちの酢飯愛を感じます（詳細は１４６ページ）。

おうちで
つくる
その参

干ししいたけを煮る

すべてを決めるのはいつも脇役の存在

ちらし寿司で、干ししいたけははっきり言って目立つ存在ではありません。どうしても色味が鮮やかな海の幸や錦糸玉子などに目がいきがち。でもしっかりと味のついたしいたけがなければ、美味しいちらしにはなりません。まさに、ドラマで存在感を放つ名脇役そのもの。

干ししいたけ10個をたっぷりの水にひと晩浸して戻します。水を十分に吸ったしいたけの軸をとり、2㎜の厚さにスライス。これを、しいたけを戻した汁300㎖、醤油100㎖、酒50㎖に砂糖50gを中火で溶かしたところに入れます。すると20分ぐらいで汁がほぼなくなるので、最後の仕上げにみりん30㎖を入れ、強火でアルコール分を飛ばします。

こうした脇役がいてこそ主役が生き、作品すべての出来が素晴らしいものになるのです。

冬のおうち寿司

11月〜1月

かわいく飾って子どもの成長を祝う

飾り巻き寿司

「飾り巻き寿司」は千葉県の上総地方でつくられていた、精巧な飾りを施した太巻きの「細工寿司」がルーツとされています。今や、植物や動物をかわいく描いたり、アニメやゲームなどでお馴染みのキャラクターを楽しくデコったりと、ママたちの間では全国区の人気を集めていますが、元々は一部の地域での郷土寿司だったわけです。

絵柄を華やかに見せることに熱心で、発色のいいでんぶや食紅などを使うものも多く見られます。でも、できれば食材の持つ色合いをそのまま生かしていった方が自然で優しい気がします。

そこで淡いミドリとピンクで花柄をつくってみました。中心のミドリはグリーンアスパラガス、ピンクは赤じそ入りの梅酢で色づけしています。七五三のお祝いの席では、強く主張はしないものの、さりげないかわいらしさを放つことでしょう。甘いものが苦手な大人も楽しめるお寿司です。

材料

酢飯……………… 300g
海苔……… 全型3枚
グリーンアスパラガス
……………………1本
赤じそ入り梅酢……25㎖

海苔は全型の1/3。通常の細巻きより細い。

ギュッと巻きしめる。

中に入れる巻物の完成。

① 150gの酢飯に梅酢を和える。アスパラガスを塩茹でする。

② 全型の1/3にカットした海苔を巻き簾にのせ、梅酢を和えた酢飯30gを広げ、巻く。それを計5本用意する。

③ 巻き簾に全型の海苔をのせ、白い酢飯150gを広げ、その上にアスパラガスを真ん中に5本の細巻きをのせ、太巻きの要領で巻いていく。

もっとくわしく！

色合いだけでなく、食べたときのバランスが大切

飾り巻き寿司の飾り方

味のバランスも考えながら飾る。

飾り巻き寿司だけでなく、ちらしや箱寿司など、郷土寿司の世界ではハレの日にふさわしい色ということで、華やかなピンク色のでんぶがよく使われています。ピンクは見た目にも華やかですし、子どもウケがいいというのもあるのでしょう。

でも、でんぶ自体は甘いので、お寿司全体が甘くなってしまうのがちょっと残念です。であるなら、食べたときの味のバランスを想定しながら、飾り巻きの配色に使う食材を考えていくべきだと思います。

今回、ピンクの色づけに梅酢を使いました。入れ過ぎると酸っぱくなってしまうので、ピンクに染まる程度に加減します。

中心には丸いカタチということでグリーンアスパラガスにしましたが、ここの部分を玉子焼きに替えてみると、黄色とピンクの配色も喜ばれそうです。

おうち寿司はつくるのが楽しく、食べて美味しいお寿司ですが、見ただけでもウキウキする要素は欠かせません。

おうち寿司ノート

素材の自然の色でつくる人に優しい飾り巻き寿司

千葉県上総地方の郷土寿司であった「細工寿司」は江戸時代末期に、握り寿司だけでは物足りないと、赤い色をしたずいき（さといもの茎）を芯にして巻いたのが最初とされています。元は簡素な太巻きだったようですが、次第にでんぶを使い始め、食紅でかんぴょうを赤や緑に染めるなど、派手になってきました。

最近ではキャラ弁の影響もあってか、競うように複雑な絵柄の飾り巻きが登場し、それがSNSにアップされて話題を集めています。

ただ、お寿司は見た目がきれいなだけでなく、食べても美味しいものでなければいけません。色が鮮やかだからとあまりカラダに優しくないものまで使うのは本末転倒。素材そのものが持つ自然の色を生かしていくことが大切だと思います。

ボジョレー・ヌーボー解禁

ぶどう寿司

フレッシュなワインとのマリアージュ

どんなお酒とも合うのがお寿司。最近はワインと合わせて楽しむ人も増えています。特に、赤ワインと醤油が実に合うことに注目です。そこで、ボジョレー・ヌーボー解禁の日には、醤油漬けした干しぶどうを酢飯に和えた「ぶどう寿司」をぜひおススメしたい。

握りからはぶどうの香りが立ち、口にほおばると甘じょっぱい味が広がります。そこにまだ若いワインが注ぎ込まれると、口の中で互いが響き合う。お寿司がワインを引き立て、ワインのお陰でお寿司も引き立つ。実にいいマリアージュを披露してくれます。

握りだけでも十分ですが、今回はそこに、マーマレードジャムを添えた生ハム（写真左）、しょうが醤油で炒めたイカゲソに刻みしょうが（中央）、それにスモークサーモンにブルーチーズとディルを合わせました。どれも赤ワインと一緒に、いろいろな味の変化を楽しむことができます。

材料

酢飯……………………100g
干しぶどう……………25g
醤油……………………10mℓ
生ハム…………………1切れ
マーマレードジャム
………………………適量
イカゲソ………………2切れ
しょうが（スライス）
………………………適量
醤油……………………適量
スモークサーモン
………………………1切れ
ブルーチーズ…………適量
ディル…………………適量

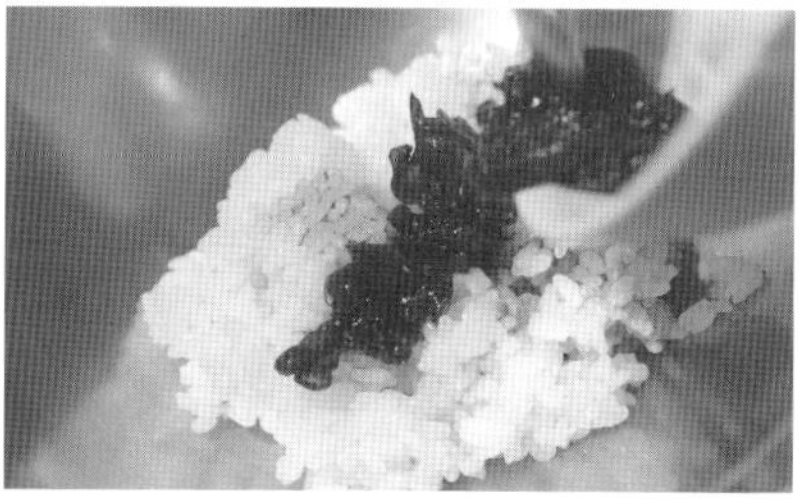

酢飯には漬けた醤油もすべて入れる。

全体に醤油と刻んだぶどうが混ざるように和える。

酢飯をやや小ぶりに握る。

好みのネタをのせても構わない。

① 酢飯をボウルに入れ、干しぶどうの醤油漬け（p91参照）と和える。

② イカゲソは漬けておいた醤油とともに炒め、しょうがを刻む。

③ 干しぶどうの醤油漬けを和えた酢飯を握り、そこに具材をのせていく。

＝もっとくわしく！＝

干しぶどうを常備しておくといいかも

干しぶどうの醤油漬けのつくり方

干しぶどうを細かく刻み、そこに醤油を注ぐだけ。ものの2分で漬けぶどうができあがる。

干しぶどうの醤油漬けは、干しぶどう25gに対し、醤油10㎖を用意します。まず、干しぶどうを細かく刻み、そこに醤油を注ぎます。軽く混ぜて、1分から2分ぐらいで漬かってきます。そうしたら、酢飯と和えるだけ。これでぶどう寿司が完成します。

干しぶどうの醤油漬けというのが意外に思われる人も多いでしょう。ところが、ぶどう、そしてワインと醤油の相性が実にいいのです。互いに味は濃く、しっかりと主張するものの、双方の良さを消し合うことなく、引き立て合う。

つくるのもとても簡単なので、いろんな味の酢飯を楽しみたいときなどに、ちょっと加えてみるのもいいかもしれません。いつも干しぶどうを常備しておくと、もしもの時に役に立つかも。

おうち寿司ノート

フルーツと酢飯の組み合わせに新たなお寿司の可能性が

酢飯というと米酢を使うのが一般的です。でも、米酢以外に、柑橘類の果汁を合わせる酢飯のつくり方もあります。郷土寿司にはこうしたフルーツ系の酢飯が結構あって、愛媛ではみかん果汁をごはんに混ぜていますし、高知ではゆず酢を用いています。そうした酢飯からは使った果物の香りが漂い、米酢の場合とは違った味わいが楽しめます。

今回のような干しぶどうの醤油漬けの代わりに、ぶどうの果汁を使ってもいいでしょう。果汁が甘い場合は砂糖の量を調節すればいい。ひと味違ったぶどう寿司ができると思います。僕自身は今、フルーツとお寿司をどう合わせていくかに興味を持って、実験を重ねています。みなさんも、いろいろと試してみると新たな発見があるかも。

クリスマス

聖夜を彩るブッシュドノエル

アナゴ太巻き

クリスマスは、おうち寿司にとって1年のうちでも最大のイベントでしょう。家族や友人・知人を招いたホームパーティは普段はあまりつくらないお寿司の出番。みなさんにぜひともトライして欲しいのが「アナゴ太巻き」です。酢飯を棒状に押し固めて煮アナゴを貼りつけています。

見ればわかるように、狙っているのはクリスマスの定番、ブッシュドノエルです。茶色く煮上がったアナゴの身が、どこか薪や切り株のように見えてきます。煮アナゴが当日手に入らない場合は、ウナギで代用しても同じようにつくれると思います。

雪に見立てたのが手前のクリームチーズ。まわりにはゆずの皮を散らし、わさびでつくった木の葉が一枚。アナゴの太巻きを切り分けて食べるときは、これらを一緒につけ合わせて食べると、アナゴと酢飯の味が一段と小気味よく感じられることでしょう。

材料

酢飯……………300g
ごま……………適量
刻みしょうが……適量
煮アナゴ…………3本
アナゴのタレ……適量
ゆずの皮…………適量
クリームチーズ…適量
わさび……………適量

太巻きを巻く要領で酢飯を棒状にしていく。

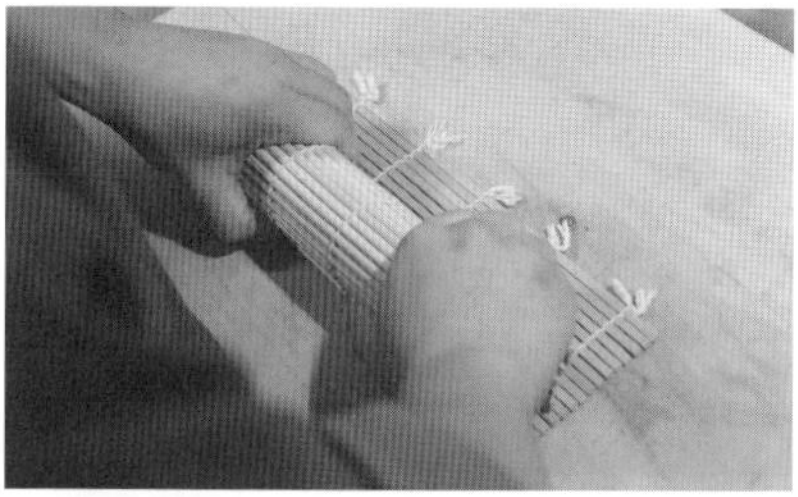

しっかりと巻いて固めないと崩れやすいので注意。

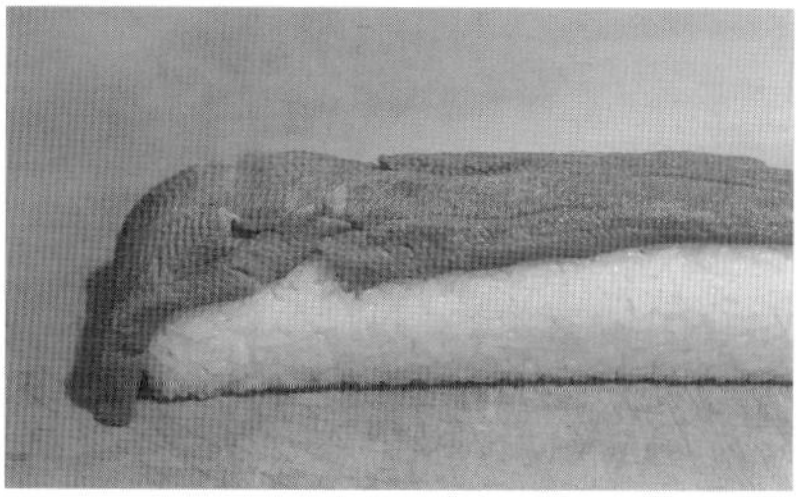

薪の表面をイメージしながらアナゴを貼りつける。

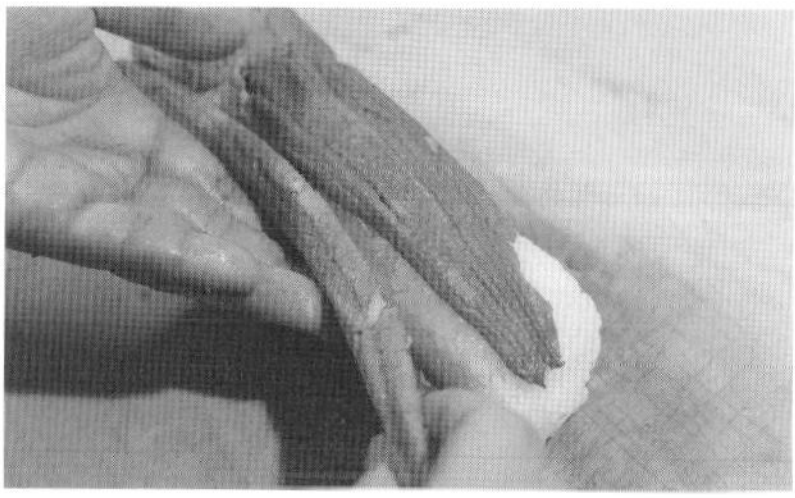

両サイドにもアナゴを貼っていく。

1. ゆずの皮は細切りにする。
2. 酢飯にごまと刻みしょうがを和える。
3. 巻き簾の上にラップを敷き、その上に酢飯を広げる。
4. ラップで包んで棒状に成形し、さらに巻き簾を巻いてしっかりと固める。
5. ラップをはがし、アナゴの身を外にし、酢飯の上部に貼りつける。
6. 次に両サイドにアナゴを貼りつける。
7. 太巻きとともにクリームチーズを雪のように盛って、ゆずの皮を散らし、アナゴのタレを全体にかけ、木の葉の形にしたわさびを添える。

＝もっとくわしく！＝

生でも粉でもチューブでもつくれます

わさびで木の葉をつくる術

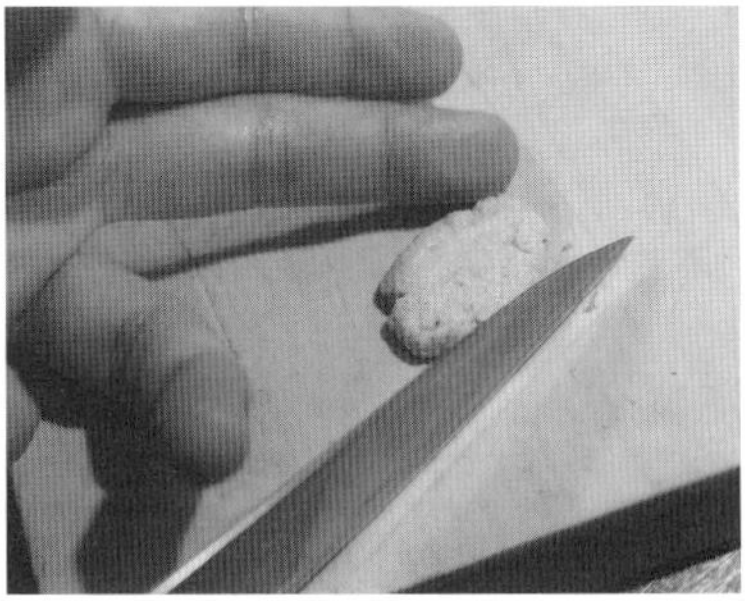
庖丁の腹で楕円形に。

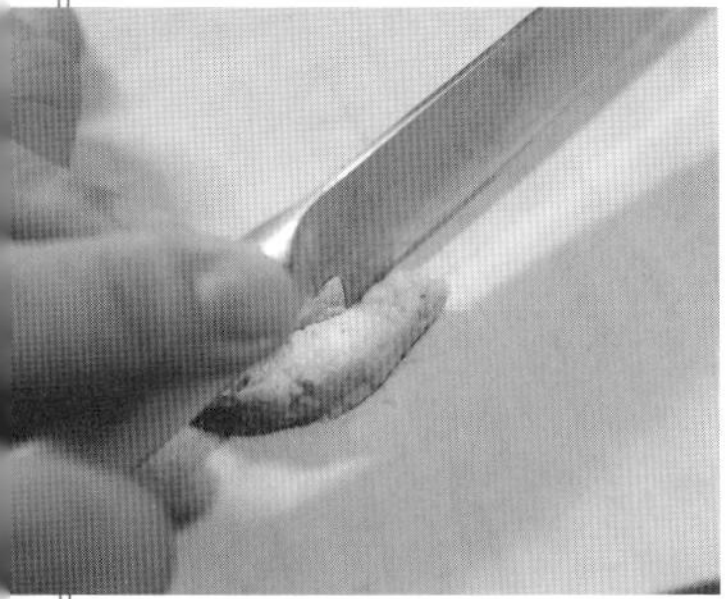
斜めの葉脈を入れていく。

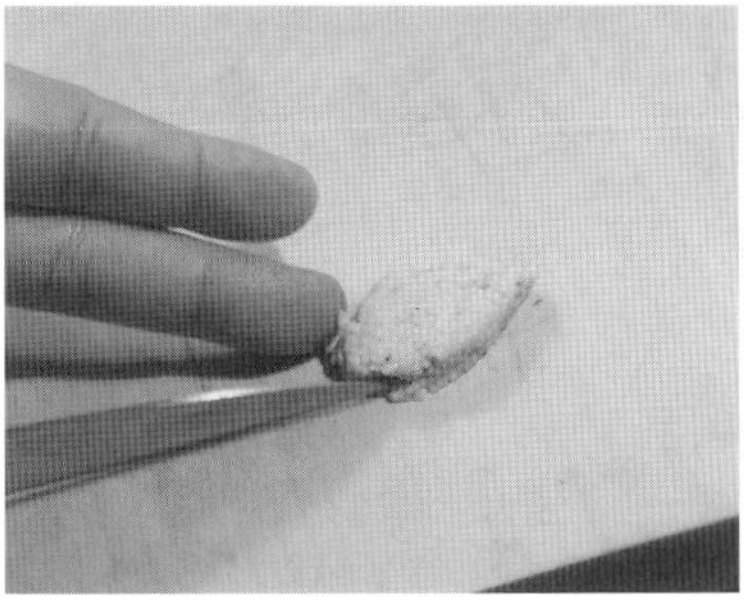
先をとがらせる。

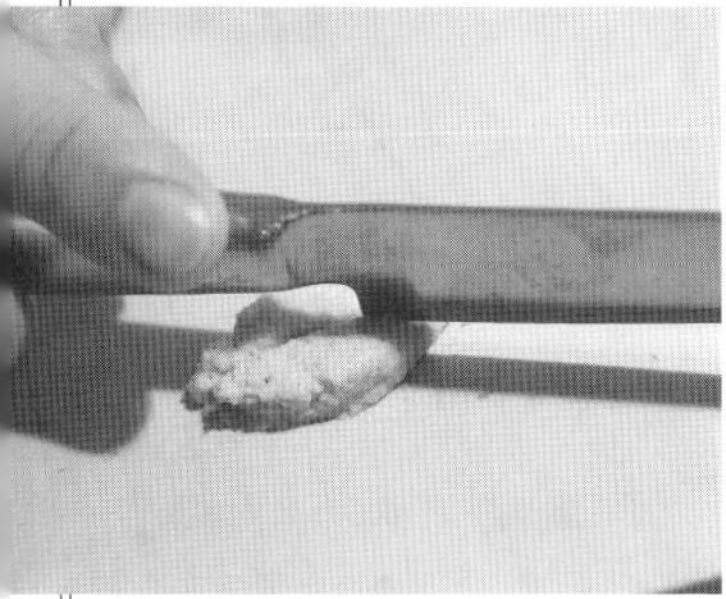
反対側も入れる。

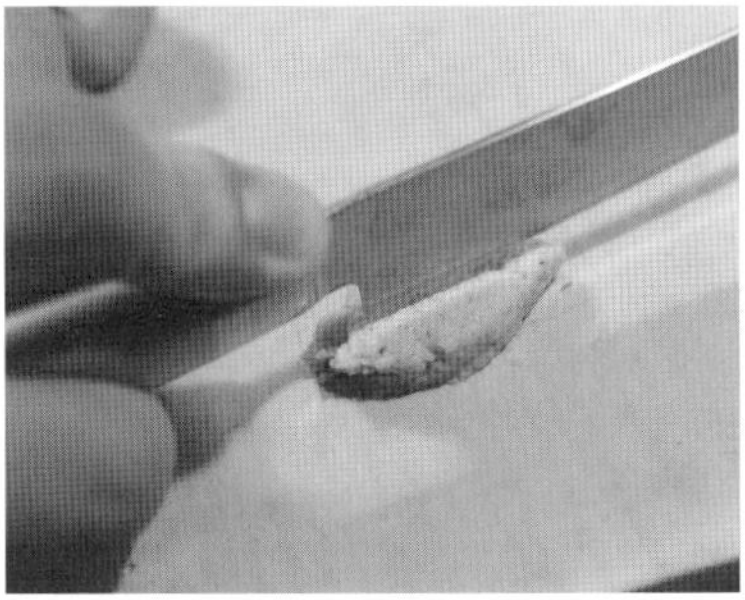
刃元を使って葉脈を。

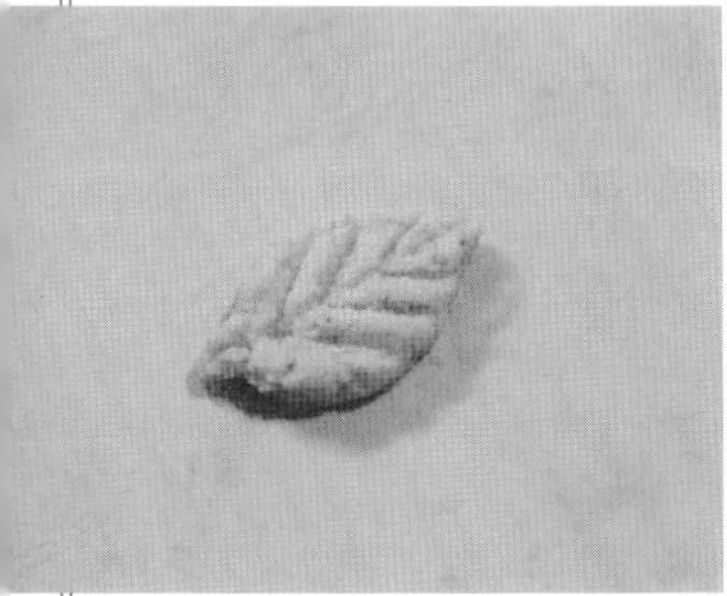
同じ要領でハート形もつくれる。

おうち寿司ノート

お寿司を進化させているのは作り手や食べ手の遊び心

お寿司の歴史を遡ると、棒寿司は姿寿司から変容したものだそうです。サカナの頭や尾がついたままでは食べづらいので、三枚におろし、その身に酢飯を抱き込ませました。

ところが、誰が考えついたのでしょうか、あるときサカナの身を酢飯で包むという食べ方が出てきたのです。まさに巻き寿司の登場です。酢飯に巻いた海苔はサカナの皮に見立てたわけです。郷土寿司の大家、日比野光敏さんに言わせると、「当時の人たちの遊び心から生まれた発想」だそうです。

そう考えると、このブッシュドノエルのアナゴ太巻きは太巻き寿司を前モデルに戻したとも言える。お寿司は過去、現在、それに未来を行ったり来たりしながら、時空を超えて進化していく食なのです。

大晦日

慌ただしい最中でも素早くつまめる

細巻き寿司

つくっておけば、いつでもどこでも食べられるのがお寿司のいいところ。忙しい大晦日にピッタリなのが「細巻き寿司」です。指先でつまんで口に入れるだけ。手が汚れることもなく、ひと口で食べられます。マグロにかんぴょう、きゅうりといった巻物の代表選手なら、つくってからしばらく置いておいても、傷む心配もありません。

細巻きは、つくり方自体はシンプルですが、中に入れる酢飯や具材をよくばり過ぎてパンクさせてしまうことが結構あります。そこで、失敗しない巻き方を教えましょう。コツさえつかめば、あとは簡単です。せっかくですから、かんぴょうもおうちで煮てみる。つくり置きをし、使わない分は冷凍しておけば、いつでもかんぴょう巻きができます。

いなり寿司同様、食べる頻度も高いけど、買ってくることも多い細巻き寿司。あえてお手製にすることで、周囲の評価ポイントはグンと上がります。

材料

【細巻き3本分】
酢飯…………各80g
海苔……各全型½枚
煮かんぴょう……30g
マグロ…………40g
きゅうり………¼本

手前ののりしろ部分は巻き簾から出しておく。

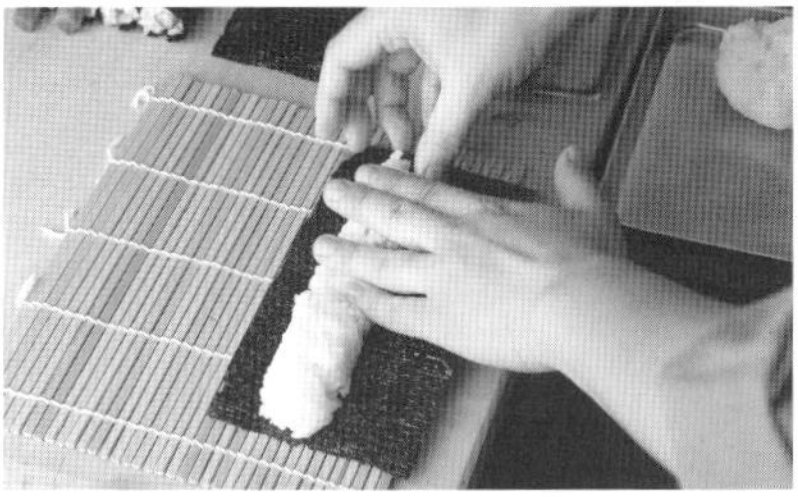
しっかり80g量って棒状に成形すると失敗しない。

のりしろがないと巻いたときにパンクしやすい。

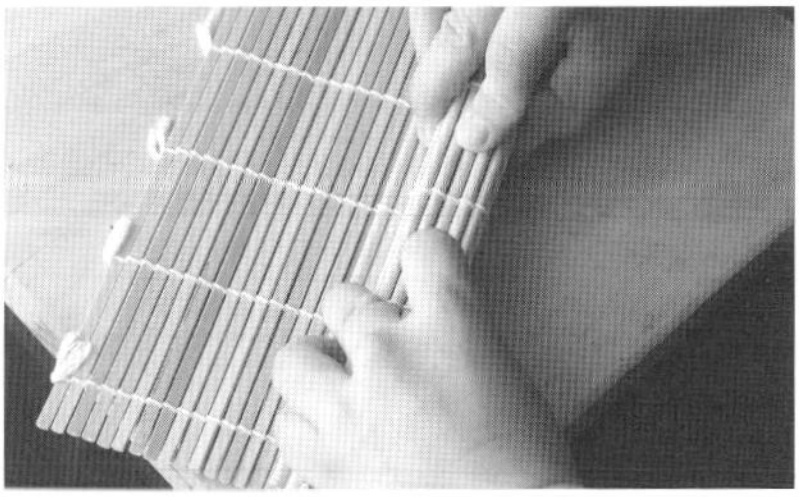
四角に巻き固める。数分で自然と丸くなる。

① きゅうりは水分が出やすいタネ部分を庖丁でカットする。

② 巻き簾に海苔をのせ、棒状に成形した酢飯80gをのせる。

③ 奥と手前に各1㎝ののりしろを残しながら酢飯を広げる。

④ 具材をのせ、具材を押さえながら巻き簾でいっきに巻く。

⑤ 両手の親指、人差し指、中指を使う「6点じめ」でギュッとしめる。

=もっとくわしく!=

無漂白のかんぴょうの方が仕込みは簡単です

かんぴょうの上手な煮方

煮る前のかんぴょうは真っ白。

煮上がるとツヤと照りのある茶色に変わる。

かんぴょう50gに対し、調味料は醤油50㎖、酒20㎖、砂糖50g、みりん10㎖の割合となります。鍋に乾燥したかんぴょうを入れて水から茹でます。漂白したかんぴょうの場合は表面が硬いので、水で戻して塩もみをする工程が必要になります。

かんぴょうがつめの先で切れるくらい軟らかくなったら、ザルにあげ、水気を切ります。鍋にみりん以外の調味料を入れて火にかけながらかき回し、砂糖が溶けた頃合を見計らって、かんぴょうを入れます。中火から弱火で全体に色がつくまで煮て、水分がなくなったらみりんを回し入れ、水気を飛ばして完成です。

漂白されたかんぴょうは保存性などでは優れていますが、表面が硬い分、味が入りにくい欠点もあります。

おうち寿司ノート

海外セレブ注目? かんぴょうはヘルシーなスーパーフード

国内でかんぴょうをつくっているのは栃木県がダントツだとご存じでしたか? 全国生産量の98%は栃木県産。まさに栃木県はかんぴょうの聖地なのです。なぜ栃木県が一大産地となったのか。かんぴょうはウリ科である夕顔の実を細長くむき、乾燥させたもの。夕顔は保水性が高く水はけがよい土壌が適しており、栃木県がそうした環境にピッタリだったようです。

かんぴょうに含まれる食物繊維は体内のビフィズス菌を増やす働きがあるため、便通がよくなるばかりか、体内の不純物を放出して大腸ガンや肥満の予防、その上ダイエット効果も期待できるそう。外見はちょっと地味ですけど、海外のセレブが知ったらきっとハマりそうな、スーパーフードなのです。

正月

もち米寿司

〝日の丸〟をほおばって新年を迎える

お餅は大好きだけど、なぜかお正月のときにしか食べなかったりします。ならば、お寿司でもモチモチ感を楽しみましょうか。「もち米寿司」はまさしくもち米とうるち米を混ぜたごはんを酢飯にしています。もち米を酢飯にするという発想はすぐには思い浮かびませんが、新潟県の佐渡では郷土寿司として、もち米を使ったレシピを地元の人たちが継承しています。

実際、酸っぱいもち米を食べてみると、想像以上の美味しさに驚きます。どうしてこれまでつくらなかったのか、食べたときにとても悔しい思いをしました。そこで、新年のおうち寿司として、そんなもち米を使って、日の丸を思わせる巻物をそろえました。中巻きにはマグロ、細巻きには明太子を詰めています。

今年1年をどんな楽しい年にしたいのか。あれこれ思いを巡らし、ワクワク、ドキドキしながら、ガブリといってください。

材料

酢飯……………3合
（もち米：うるち米＝5：5）
【中巻き】
酢飯…………150g
海苔……全型⅔枚
マグロ………70g
【細巻き】
酢飯…………80g
海苔……全型½枚
明太子………40g

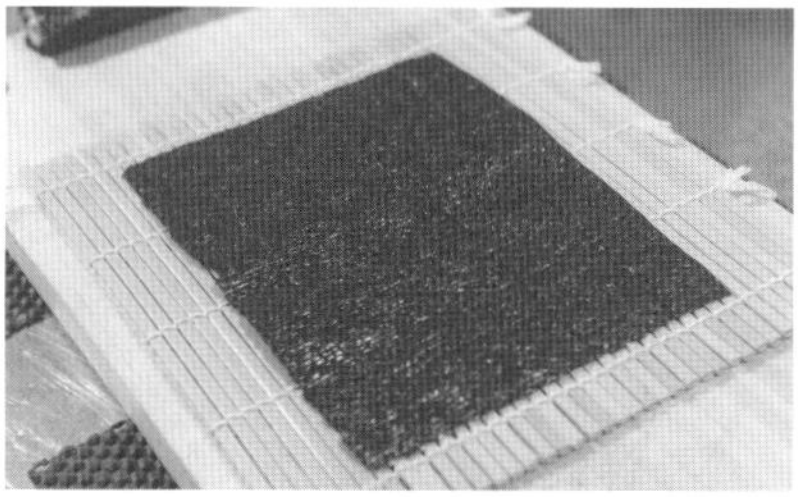

中巻きは全型の⅔、細巻きは½サイズの海苔を使う。

マグロないしは明太子を酢飯にのせる。

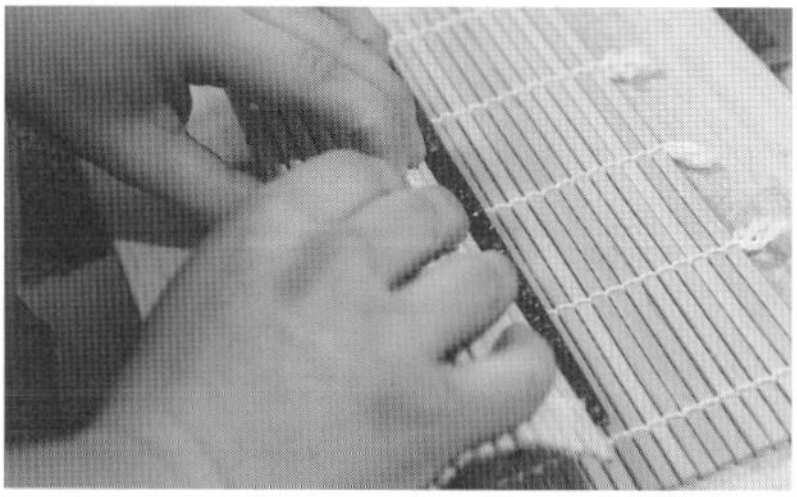

具材を押さえながら、いっきに巻く。

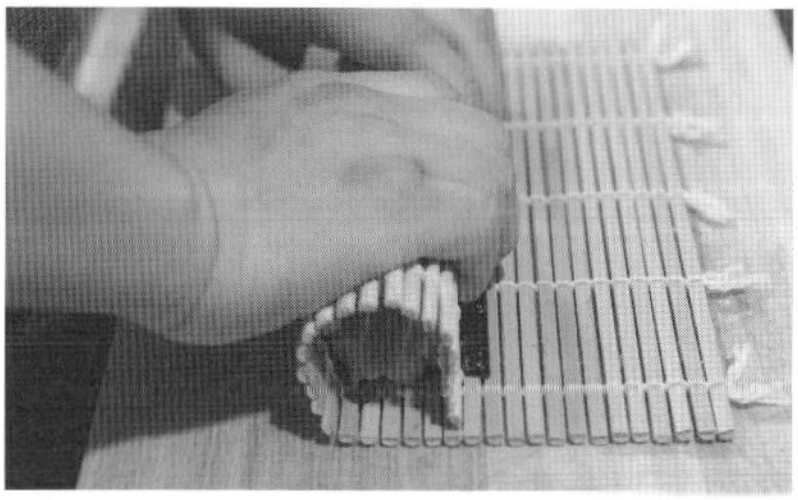

親指、人差し指、中指を使ってギュッと巻きしめる。

① 巻き簾に海苔をのせ、手前と奥ののりしろを考えながら酢飯を広げる。

② 具材をのせ、巻き簾で巻いていく。

③ 3本の指を使ってしっかりと巻きしめる。

＝もっとくわしく！＝

食感の違いが、酢飯の新たな魅力を切り拓く

もち米入りの酢飯に思う

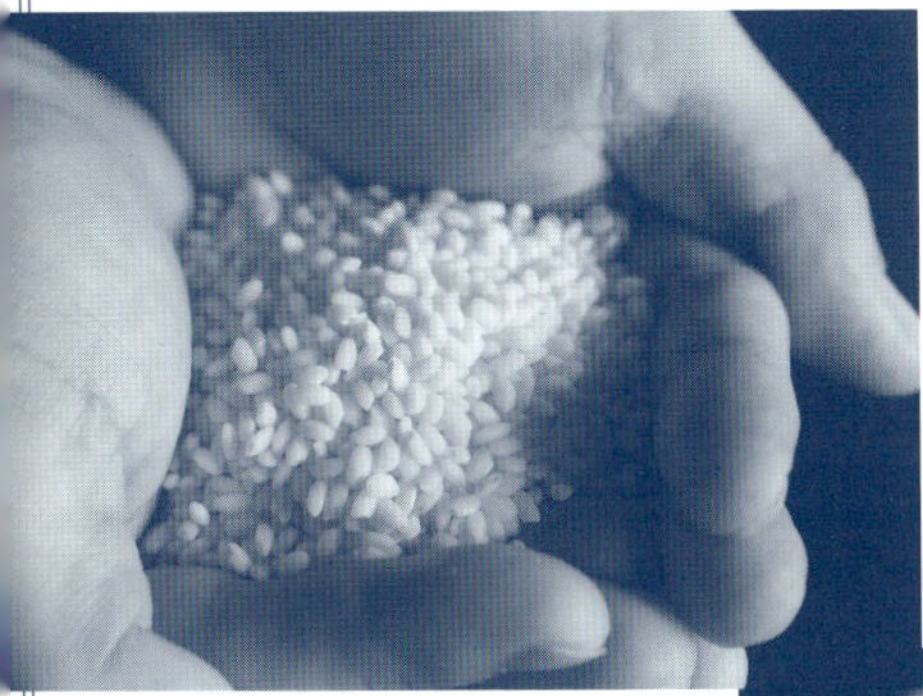

食感を大きく変えるもち米はお寿司の可能性を無限大に広げてくれる。

酢飯に関しては、どんな品種のお米を使うべきか、合わせ酢の配合をどうすべきか、さらに使うお酢はどこの蔵元のものにするかなどなど、がこれまでの関心事でした。僕の店でも日々模索をしながら、美味しい酢飯づくりを追求しています。

ところが、もち米入りの酢飯にはそうしたこととは別次元の発見があります。うるち米にないモチモチとした食感で、多くの人が食べたことがない酢飯なのです。食感の違いで、酢飯がここまで変わることに正直驚きました。もち米とうるち米の混ぜる割合でも変わるので、試してみてください。

食感が独特なだけに、生かせるジャンルは限られるかもしれませんが、新しいお寿司が創れそうな期待が膨らんでいます。

おうち寿司ノート

佐渡の「当たり前」にビックリ 郷土寿司の旅は驚きがいっぱい

見たことも食べたこともないお寿司が、日本各地の郷土寿司にはまだまだたくさんあります。佐渡で出会った「もち米寿司」もそのひとつ（くわしくは142ページで）。佐渡で取材した人たちに、なぜ酢飯にもち米を入れるのかを尋ねると、「ここでは、お寿司と言えばもち米を入れるのが当たり前」と誰もが答えます。

佐渡でどういう経緯で始まったのかは、まだ探りあてていませんが、地元の人たちの「当たり前」という言葉に大きな衝撃を受けました。そもそも、もち米はお餅かおこわにしか使わないと勝手に決めつけていた自分が問題だったのです。

郷土寿司を訪ねる旅は毎回驚きだらけ。そして僕らの固定観念を軽々と覆し、新たな気づきをもたらしてくれる。なので、やめられません。

覚えておくと、日常にイベントが増える

食の歳時記

日本には、食にまつわるいろいろな行事や記念日があります。
それらを今の暮らしに取り入れると、季節がより身近に感じられるようになり、毎日がなにかしらのイベントになってきます。
そんなイベントは、おうち寿司をつくる絶好の機会です。

【2月】

3日　節分・恵方巻き
4日頃　立春
6日　海苔の日
14日　煮干の日
バレンタインデー

【3月】

3日　桃の節句
8日　さばの日
14日　ホワイトデー
20日　カツオの日
24日　連子鯛《れんこだい》の日
27日　水なすの日

【4月】

1日　エイプリルフール
8日　貝の日
23日　シジミの日

春

夏

【5月】

5日　わかめの日
　　　こどもの日
6日頃　立夏
第2日曜日　母の日
29日　こんにゃくの日

【6月】

6日　梅の日
　　　株式会社酢飯屋 設立日
第3日曜日　父の日

【7月】

1日　壱岐焼酎の日
2日　蛸の日
7日　たけのこの日
　　　七夕
10日　納豆の日
下旬頃　土用の丑の日

秋

【8月】

1日　水の日
8日頃　立秋
9日　パクチーの日
11日　マッシュルームの日
15日　刺身の日
31日　野菜の日

【9月】

15日　ひじきの日
　　　大阪寿司の日
18日　かいわれ大根の日

【10月】

1日　醤油の日
　　　日本酒の日
4日　イワシの日
10日　まぐろの日
13日　豆の日
15日　きのこの日
31日　ハロウィン

冬

【11月】

1日　寿司の日
7日　釧路ししゃもの日
8日頃　立冬
11日　鮭の日
　　　たくあんの日
15日　七五三
第3木曜日　ボジョレー・ヌーボー解禁
23日　牡蠣の日
30日　本みりんの日

【12月】

24日　クリスマスイブ
25日　クリスマス
31日　大晦日

【1月】

1日　元旦
7日　七草
10日　さんま寿司の日
　　　かんぴょうの日
11日　塩の日

おうちでつくる その四

サカナを保存する

隠れた味を引き出せると得した気分になる

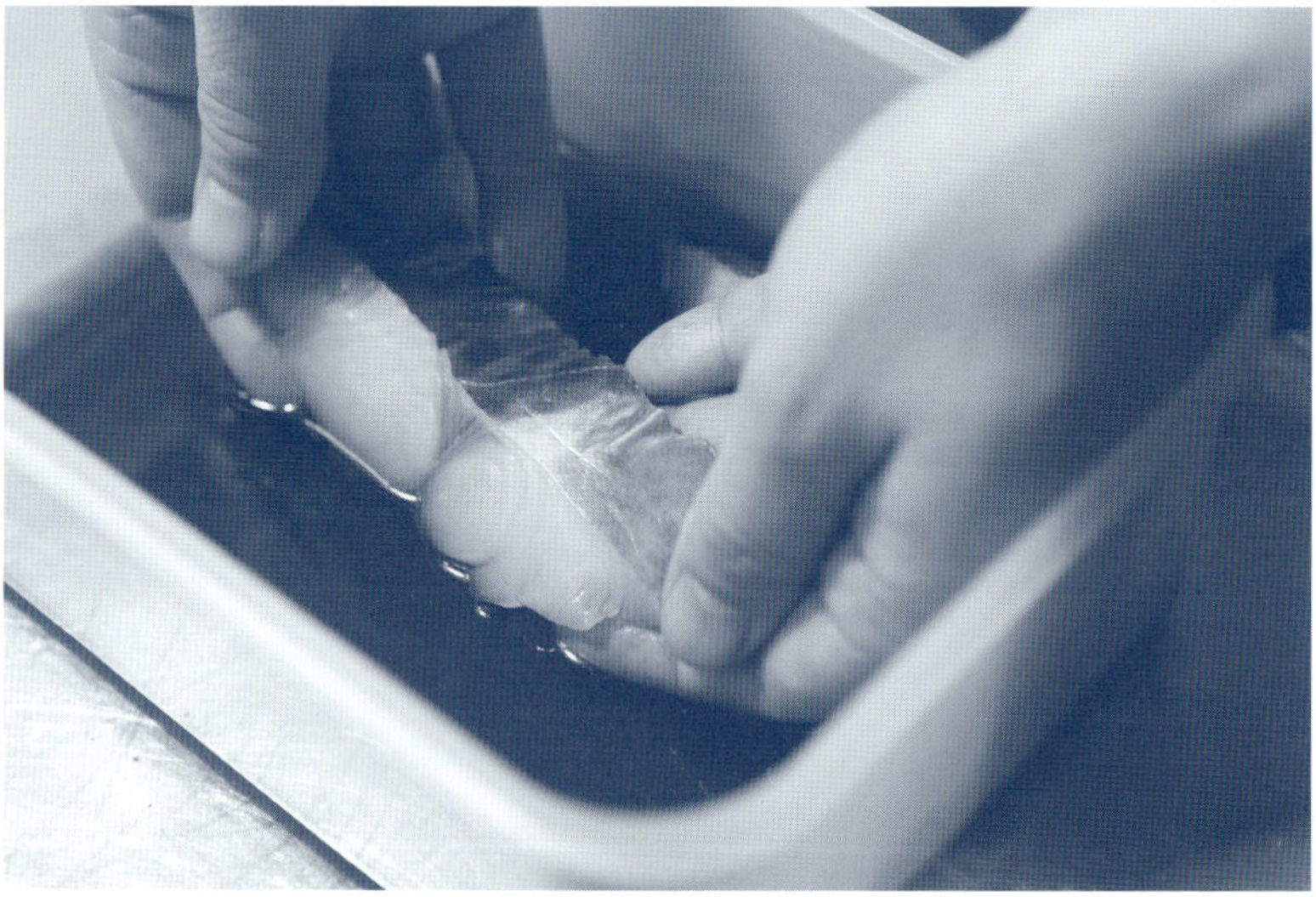

鮮度の良さばかりに目がいきがちなサカナは、しっかりとした下ごしらえをしておけば長く持ち、その上、生のときとはひと味違った味を楽しめます。

一番スタンダードなのが醤油とみりん(各同量)に漬ける方法。臭みもなくなり、冷蔵庫に入れておけば1週間は持ちます。保存袋に汁ごと入れて冷凍してもいい。味噌とみりん、それに粕漬けという手もあります。いずれも、サカナに味がしみ、焼くとその旨味が出てきます。

もうひとつおススメが昆布じめです。乾燥した昆布にはさみ、ラップに包んで冷蔵庫に入れておく。刺身なら半日、柵なら1日で昆布の風味をまとった昆布じめができあがり、蒸し焼きにすると最高に美味い。生でも美味しいけど、こうした下ごしらえで別の味に出会えると、とても得した気分になります。

とっさのおうち寿司

番外編

—突然の来客—
冷蔵庫にある食材でつくれる
おにぎり寿司
つくり方
p110

―食べきれずに残った―
違った美味しさが楽しめる

蒸し寿司

つくり方
p111

おにぎり寿司

　アポもないのに突然、友人がやってきた。「えっ、どうしよう？」そんなとっさのとき、出前のお寿司をとるのもいいですが、おうち寿司の流儀としてはやっぱりお手製にしたいところ。安心してください。冷蔵庫にある食材を酢飯に混ぜてつくる「おにぎり寿司」があります。

　これは広島県の郷土寿司「あずまずし」からヒントを得たもの。にんじん、塩昆布、金時豆など、味が異なるもの同士でも酢飯に混ぜるとなぜか美味しくなる。まさに酢飯マジックです。しかも、酢飯のおにぎりはあまり食べたことがないので、サプライズもあって大いに喜ばれることでしょう。

甘い、酸っぱい、しょっぱいをバランスよくセレクト。

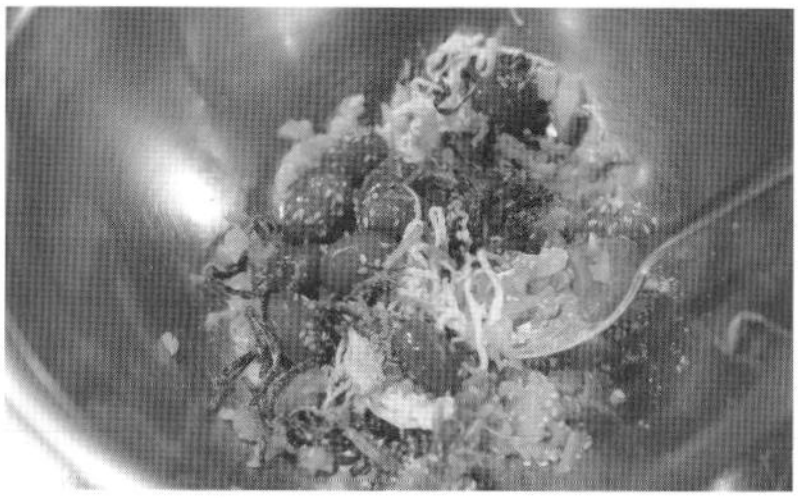
ほどよく脂っぽいものが混ざるとよりいい。

具材と酢飯をよく和える。

① 冷蔵庫にある食材をまず、テーブルの上に広げる。野菜などを茹で、卵では薄焼き玉子と炒り玉子をつくる。

② 具材を千切りにし、ボウルに入れ、金時豆などはそのままで混ぜ合わせる。

③ そこに酢飯を入れて和え、それをおにぎりに。

④ そのままでもOK。海苔や薄焼き玉子で巻くとよりご馳走感が。

蒸し寿司

お寿司をつくり過ぎて、食べきれずに残ってしまうことがあります。そのまま捨ててしまうのはもったいない。そんなときの裏ワザが「蒸し寿司」です。

箱寿司やちらし、それに巻物なら生のサカナだけとって、翌日食べるのならそのまま保存し、もっと後でというならラップで包んで冷凍しておけばいい。食べる際は蒸し器や電子レンジで温めれば、つくり立てのときよりなれた、違った味を楽しむことができます。ちなみに、ちらしなどは解凍すると水っぽくなるので、凍った状態で温めてください。

白身魚やエビ、カニなどは温めても大丈夫。

解凍すると水っぽくなるので、凍った状態で温める。

① 赤身や光り物、イクラなどは蒸すと生臭くなるのであらかじめとっておく。刺身類は漬けにして食べる。

② ちらし寿司などをラップに包み、冷蔵か冷凍にする。

③ ラップのまま、蒸し器や電子レンジで温める。全体が温まったら食べられる。

―食べきれずに残った―
とたんに洋食に早変わりする

寿司コロッケ

残ったお寿司を美味しく食べるもうひとつの手が「寿司コロッケ」。文字通り、コロッケにしてしまうのです。握り寿司の場合、上のネタごと衣をつけて揚げると、酢飯の酢が飛んで、いい具合のライスコロッケができあがります。ちらしもコロッケサイズに固めてから揚げればいいし、巻物も大丈夫です。

東京都・小笠原では「島寿司コロッケ」というのがあって、実は郷土寿司でもあるのです。洋食にまで早変わりする。お寿司ワールドは奥深く広い。その広さたるや、無限大です。

コロッケをつくる手順。まずは小麦粉に。

次いで、卵にくぐらせる。

パン粉をつければできあがり。

冷凍するときはラップに包んで冷凍庫へ。

① 握り寿司はネタごと衣をつける。

② 180℃に熱した油で揚げる。冷凍した寿司コロッケは、凍った状態で揚げる。

おうちで
つくる
その伍

わさびをおろす

わざわざの手間が豊かな時間に感じられる

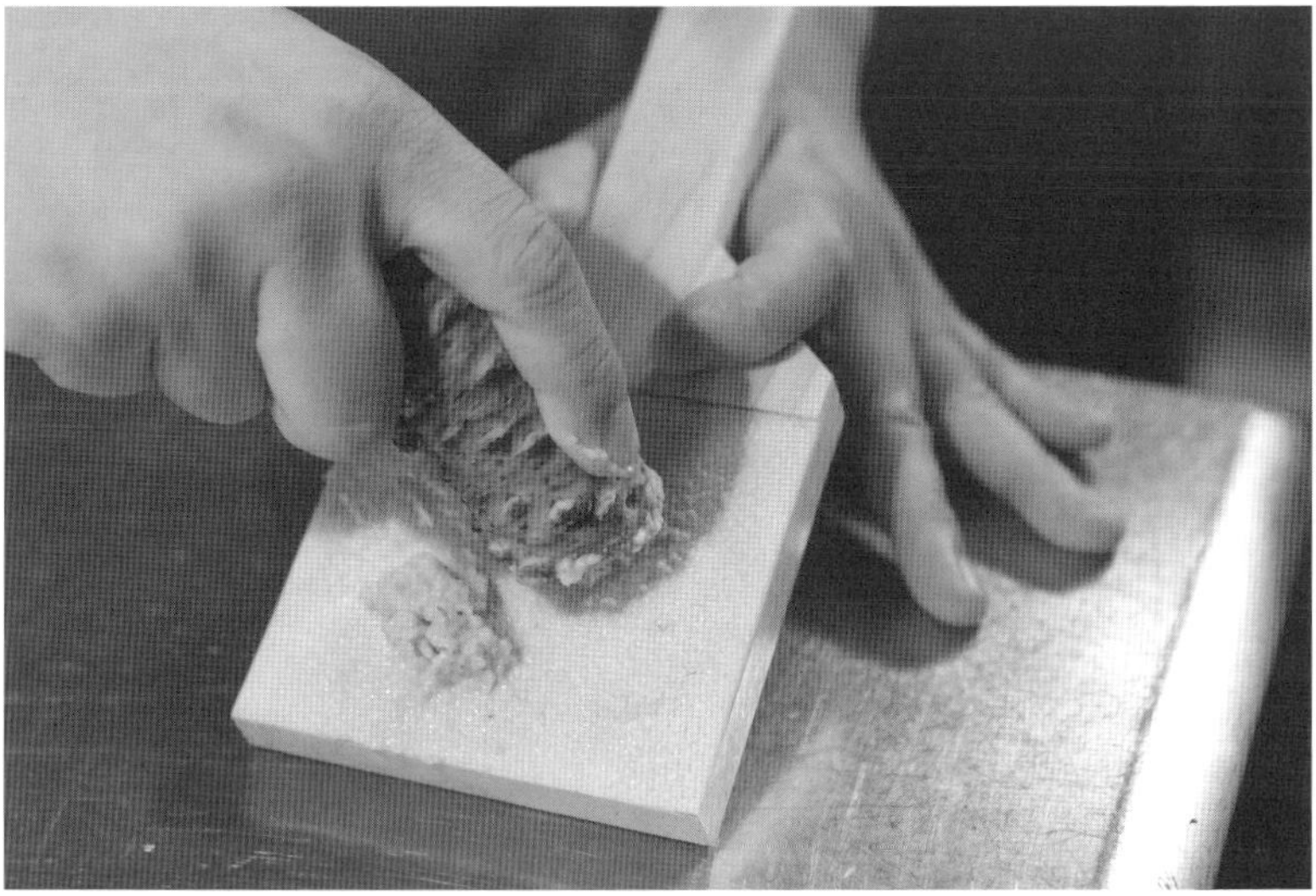

おうち寿司をもっとスペシャルに演出したいなら、生わさびをおろすのがいいでしょう。わさび本来の天然の辛味はお寿司をより引き立てるし、なによりもおろし立ての香りや味わいは五感を刺激してくれます。

生わさびは長めのものより太い方がはずれは少ないはず。太くなるまで育ったということはそれだけ生命力があり、それが辛味にも現れます。葉つさなら、みずみずしいものを選びましょう。おろす際は、おろし金だとわさびの繊維が切れて水分が出てしまい、香りや辛味もなくなってしまう。わさびは繊維を切るのではなく、つぶさないといけないので、写真のような鮫皮おろしが最適です。

わざわざおろすのは手間ですが、一度体験するとそんな手間が楽しくなり、暮らしを豊かにしてくれるのです。

郷土寿司を訪ねる

ここからは、おうち寿司のアイデアを考える上で刺激となり、源泉となった「郷土寿司」の話をすることにしましょう。気になる郷土寿司の故郷を巡り、その土地のみなさんと交わり、郷土寿司を受け継ぐ人たちの思いに触れてきました。

生《き》ずし

— 香川県・小豆島

丹後ばらずし

— 京都府・京丹後

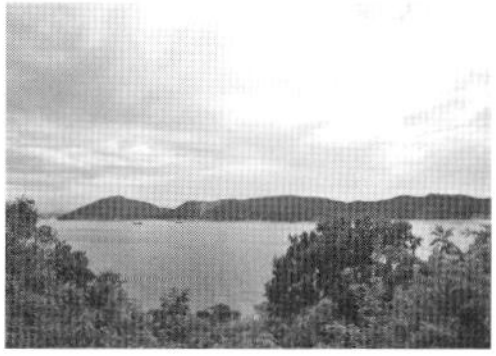

郷土寿司ってなに?

土地の記憶や人々のこころを優しく包むお寿司

北に行けば流氷が見られ、南に行けばサンゴと出会える。ひとつの国でここまで幅広く自然を体感できるのは、おそらく日本ぐらいでしょう。国土が南北に細長いことで、天気は各地で異なるし、気候や風土も違っている。そのお陰で穫(獲)れる食材も多種多様。共通しているのはどこでもお米がつくれることです。

各地で昔から、保存食として、またお祭りやお祝い事といったハレの日のごちそうとしてつくられ、食べられてきた「郷土寿司」はまさにそうした日本の多様性の産物です。その土地で穫(獲)れた食材をいかに長く持たせ、いかに美味しく食べさせるか。土地土地で暮らす人たちが生活環境の中で得た知恵を駆使して、工夫しながらつくり上げてきた。それが郷土寿司です。

なので、つくり方から形態、使う具材、食べ方まで実に多彩。豊かな日本の食文化はきっと郷土寿司に端を発したのだろうと思うほどです。そして郷土寿司の巻き寿司や箱寿司からは土地の歴史や伝統、文化、そこで暮らす人たちの暮らしぶりが見えます。郷土の自慢や誇りすらも伝わってきます。

全国的に有名な郷土寿司がある一方、同じ地域の中でもあまり知られていないごくごく局地的なものもあり、その多くは店で買ったり食べたりできない。いわば家々でつくる元祖「おうち寿司」です。おばあちゃんがつくっているのを子どもが手伝い、孫たちがその様子を見て育つ。やがて、その子どもが受け継ぎ、またその子どもが受け継ぐ。代々の思いと心がこもったお寿司でもあるのです。

さんさんと輝く陽を浴び、濃い潮の香をかぎ、稲穂のそよぐ微かな音を聞く。そうした土地の空気をいっぱい吸い込んだのが郷土寿司。つくる人や食べる人を幸せな気分にさせてくれる魅力を持っている。

酒ずし

―鹿児島県・鹿児島

もち米寿司

―新潟県・佐渡

郷土寿司プロジェクトとは?

郷土寿司を学び魂を受け継ぎながら明日への扉を開く

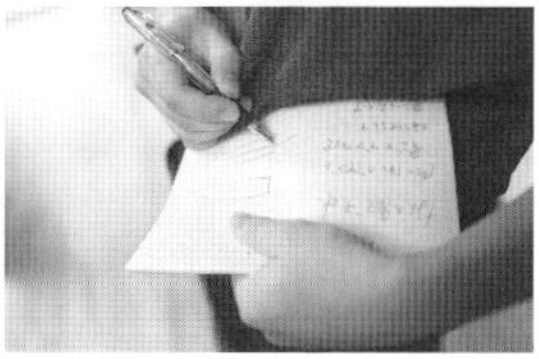

日本各地に古くから伝わる郷土寿司は、ある意味、お寿司にまつわる様々なうんちくが蓄積された事典のようなもの。具材の取り合わせ方や盛り合わせ方など現代のお寿司にも生かせる基本が学べます。ときとして、新しいお寿司の発想やヒントを授けてくれるそうした郷土寿司に出会うことは、寿司職人の僕にとっては原点回帰とも言えます。

ところが、全国には忘れ去られようとしている郷土寿司が結構あります。郷土寿司が文献になっていることもありますが、多くは親から子へ口から口へ伝承されてきた。だから、あるおばあさんが亡くなると、そのおばあさんがつくってきた郷土寿司のレシピがわからなくなることもあるのです。郷土寿司がなくなると、土地の記憶や人々の心も同時に失われてしまうことを意味します。それはとても残念なことです。

そこで、そうした貴重な郷土寿司を訪ねてつくり方を学び、しっかりと後世に受け継いでいこうという取り組み「郷土寿司プロジェクト」を数年前から始めています。

郷土寿司プロジェクトは、ひとつひとつの伝統をただ守っていくことではありません。郷土寿司に流れる考えや伝えてきた人たちの心を大切にしながら、多くの人が美味しいと思えるお寿司を僕なりに創出し、次の世代までつないでいくことです。伝統芸能や工芸の世界の人たちが「伝統はただ守るのではなく、革新し続けること」と話されていますが、郷土寿司も同じだと思っています。

では、実際に巡った郷土寿司の旅をいくつかご紹介しましょう。

郷土寿司の故郷を訪ねると、そのお寿司が生まれ、育まれてきた理由があちこちに残っている。そして、郷土寿司が土地の歴史であるとともに、つくり続けている人たちそれぞれの歴史でもあることがわかる。

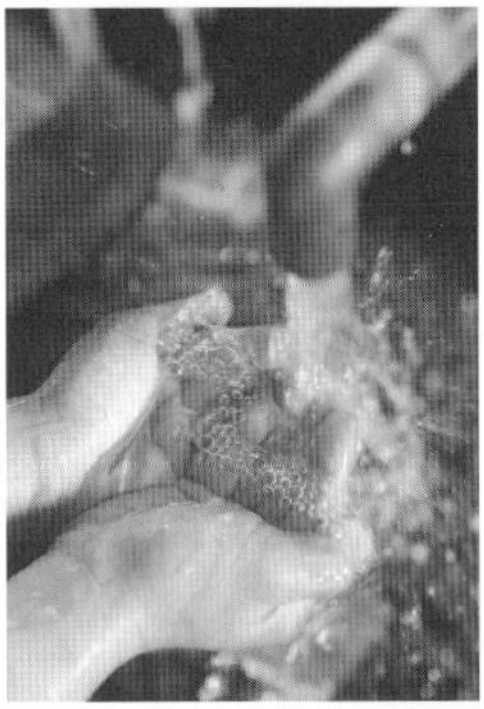

田舎ずし

―高知県・山間地域

キビナゴのおから寿司

—高知県・宿毛

生《き》ずしを訪ねる

香川県・小豆島

瀬戸内海に浮かぶ食の宝庫のような島で、
常識を覆す前代未聞のお寿司に出会った

オリーブの島は古くから交通の要所として栄える

瀬戸内海に浮かぶ小豆島は、瀬戸内海の中では淡路島に次いで2番目に大きい島です。高松港からフェリーで1時間ほど。神戸や岡山、姫路への航路もあり、昔から海運輸送の要所として栄えたと言われるだけあって、島ながら便のいいところです。

関東人の僕からすると、瀬戸内海は常に穏やかなイメージがありますが、台風が来ると海が荒れ、フェリーが動かなくなって孤立してしまう。実際、取材で伺ったときは台風が接近中で、高松からの航路しか動いていませんでした。

温暖小雨の瀬戸内海式気候のため雨が少なく日照時間が長い。なので、空気が乾燥しています。そんな気候はオリーブ栽培に向いており、日本で最初にオリーブが根づいた地としても有名です。

周辺の海からは、実に種類豊富なサカナが獲れます。地元のサカナ屋さんをのぞくと、案の定、活きのいいサカナたちが並んでいました。なによりもサカナ好きな僕にとって、こうして見ているだけでも幸せになれます。

その一方で、島の耕地面積が少ないため、米穀の自給自足が難しく、農業で食べていくことは大変だったようです。そこで交通の要所の利点を生かし、他の地から材料を取り入れ、島でつくっ

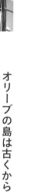

た物を移出して生計を立てる商売が古くから盛んだったそうです。

島の人でも知らない
超レアな郷土寿司を探しに

この小豆島に、「生ずし」という郷土寿司があるという。たいていのお寿司は知っているつもりでしたが、この名前を聞くのは初めて。どんなものなのか、ネットで検索してみてもなかなか探せませんでした。そこで、島に着いてさっそく、周りの人に聞いてみると、「知らない」「聞いたことがない」という答えばかりです。

どうやら、島の北西部に位置する土庄町小江《おえ》という場所でつくられてきた郷土寿司であることがわかりました。この地域は以前、四海《しかい》村と呼ばれていたところで、名前のごとく、漁業が盛ん。地元の漁師さんは底引き網で漁をしていて、夏から冬にかけては新鮮なアナゴがよく獲れます。

ただ、そうした網には15～20㎝ぐらいのまだ成長しきれていないアナゴもかかってくる。その大きさでは市場に出せないので、そうした商品にならないアナゴを使ったのが「生ずし」の正体です。いわば漁師メシなのです。

しかも、生のまま、それも骨ごとお寿司にしてしまうというから、これは前代未聞です。というのも、お寿司の世界ではサカナは骨を抜くのが当たり前。骨ごと食べるなんて聞いたことがないからです。いったい、どんなお寿司なのか、興味津々です。

生ずしのつくり方を教えてくれるのは四海漁業協同組合女性部代表の一田初美さん。郷土料理を地元の小学校や中学校の給食として紹介したり、親子の料理教室を開いたりと地元で積極的に食育の活動を行っている、地元テレビにも出演する人気女性です。数年前に他界した旦那さん、息子さんともに漁師さんで、まさに漁師の家を守るおかみさんでもあります。

「80年ぐらい前から、お祭りや法事、

四海漁業協同組合女性部代表の一田初美さん。小豆島で生ずしを守る、漁師のおかみさん。

生ずしを訪ねる

香川県・小豆島

祝い事のときに生ずしをつくってきました」と一田さんは話します。

名前通り、生が基本 骨も皮も豪快に和える

つくり方は家々で多少違っていて、一田さんはおばあさんやお母さんがつくっていたのを手伝いながら覚えたという。この日は残念なことにアナゴが獲れなかったので、代わりにハモを使うことに。その他、マナガツオやコノシロ、ブリなどを使うこともあり、要はその日獲れた新鮮なサカナを使うようです。

いつもは生のアナゴを使うが、今回は代わりにハモを生のままで。酢でしめると身がしまってぷりぷりに。

見ると、ハモは三枚におろし、皮ごと細く切ってあります。これを生のまま。ハモの皮はとにかく硬い。「えっ、本当に食べられるのですか?」と思わず聞いてしまいました。とにかく、一緒につくってみることにしました。

手順としてはまず、細かく切ったハモに塩を加え、手でもみます。10分ぐらいおいて、そこにお酢をひたひたに加える。これで30~40分、そのまま漬けておく。つまり、お酢でしめるから皮が軟らかくなるのです。

確かに、ハモは次第に透明感がなくなって、身がしまってぷりぷりとしてきました。ちょっとつまみ食いをしてみると、まだ硬いけど、噛めば噛むほど味が出てくる感じです。アナゴも骨が軟らかくなって、「噛んでいると骨の部分からエキスが出てきて、ほんのりと甘みと旨味が味わえます」と本当に嬉しそうな顔で一田さんは教えてくれます。

ハモが白っぽくなってきたら、お酢をしっかり絞って酢飯に混ぜ合わせていきます。家によってはこのしめたお酢がもったいないと酢飯に使うところもあるようですが、一田さんは生臭さが気になるので、別に合わせ酢をつくって酢飯にしています。これで完成です。錦糸玉子や青みなど彩りを加えてもいいようですが、今回はハモだけで。漁師メシなので、それを茶碗によそって

透明から白に変わったハモをしっかりと絞って、酢飯に混ぜ合わせるだけ。シンプルに素早くが生ずしの基本。

みました。

簡単でシンプルなつくり具材を生かすお寿司のカタチ

白の酢飯に白いハモ。かえって色を使わない方が上品な感じがします。試食をしてみると、ハモのシャキシャキとした歯ごたえがあり、ハモ自体は酸っぱいけど、甘めの酢飯と合わさるとちょうどいい具合です。

「2日目になるともっとしっとりとなれてくる。夏以外だったら、1週間ぐらいは持ちますよ」と話す一田さん、どうもご指導ありがとうございました！　しっかり伝授していただきました。東京に戻って僕なりに再現し、歴史をつないでいきます。

お寿司の最先端を瀬戸内海の島で見つけた

サカナの骨や皮を生で食べてしまう発想は、おそらく多くの寿司職人はやったことがない、いやむしろ、誰もしようとも思わなかったことでしょう。地方に残る郷土寿司だけど、とても新しく感じられ、むしろお寿司の最先端が小豆島にあったと言ってもいいかもしれません。

技術的には、一切変わったことはしておらず、ただただ、僕らが気づいていなかっただけ。サカナの骨や皮は生で食べないという勝手な固定観念が邪魔していたのです。

「もっといろんなことに気づいて、チャレンジしろ!」。生ずしは僕ら、現代の寿司職人へのメッセージと受けとめました。

背景に見えるのが漁港。一田さんどうもありがとうございました。生ずしを後世に伝えていきます！

ただ、現地で食べたものはちょっと酢っぱ過ぎでした。あれでは子どもたちには敬遠されてしまうのも無理がないかもしれない。使う塩やお酢をもっと工夫したり、しめる時間を考えたりすることでさらに食べやすくなって、これからのおうち寿司に生まれ変わると思います。そのあたりに岡田アレンジを加えていきます。岡田版生ずしを今度、一田さんにぜひ食べてもらいたい。楽しみにしていてください。

郷土寿司コラム
❶

昔ながらの木桶仕込みにこだわる醤油蔵

100年を超す蔵では菌と人が優しく共生していた

小豆島には江戸時代、赤穂から塩の職人が移り住み、江戸幕府の天領（直轄地）として塩づくりで栄えましたが、やがて塩を使った二次加工品として醤油や佃煮がつくられるようになりました。明治の最盛期には、大小約400軒の醤油メーカーがそんなに大きくない島内にあったというから驚きです。今も20軒の醤油蔵が残っています。

さらにすごいのが、タンクづくりが主流の今、昔ながらの木桶の天然醸造で醤油をつくっている蔵元があることです。全国にある醤油メーカーで、木桶を使っているところは全体のわずか1%足らず。そのなんと2/3が小豆島に残っているのです。

ヤマロク醤油さんの蔵では優しい醤油の香りが漂う

そのひとつがヤマロク醤油さんです。蔵の中をのぞくと、木桶がずらり。こんな圧巻の光景は初めて見ました。外から蔵の中に入ると、空気のたたずまいがガラッと変わり、醤油の香りに包まれて幸せな気分になります。

100年ものの桶は見た目にはボロボロ。でも、この古びた蔵や桶の至るところに100種類以上の酵母菌や乳酸菌たちが暮らしているという話。ヤマロクさんの醤油は濃厚でコクがあってまろやか、旨味が際立っているのが特徴ですが、この菌たちのお陰であの

ヤマロク醤油5代目の山本康夫さん。桶屋で修業して桶までもつくる。蔵は国の登録有形文化財に指定。

正金醤油４代目社長の藤井泰人さん。「普通につくっているだけ」と控えめで温和な性格が醤油の味に表れている。

個性的な味がつくられるわけです。
　木桶だと通常2年半熟成させます。タンクだと3〜6か月でできあがるので、道のりは大きく異なる。この間は菌たちの為すがままに任せ、ヤマロクさんでは一切桶の中を混ぜることもしない。つくり手はじっくりと静かに見守るだけ。生産効率は悪いかもしれないが、本物の味を追究するにはこうした忍耐と辛抱が必要なのです。しかもここでは、できあがった醤油をもう一度桶に戻し、再び麹を仕込んでトータル４年半熟成させる「再仕込み製法」の醤油もつくっている。
　ところが、この木桶をつくれる職人が今いなくなりつつある。桶がなくなれば自分たちが理想とする醤油づくりができなくなると危機感をもったヤマロク醤油5代目の山本康夫さんはなんと２０１３年から自分で桶をつくり始めました。この発想と行動力には脱帽です。「本物の醤油を残していかないと日本食は大変なことになる」。未来を案ずる山本さんの強い志に感動です。

つける食材の味を引き立てる一歩控えめな正金醤油さん

　もうひとつの醤油蔵、正金醤油さんも木桶でていねいに醤油をつくっています。５４００ℓ入る桶が１２０本あるとのこと。古いけれど磨きこまれた蔵の中はやはり壮観でした。ヤマロクさんとは違って、熟成中、ときどき桶の中をゆっくりとかき混ぜます。普通、こうしてつくっている現場はあまり公開しないもの。やっていることに自信がある証拠です。つくり手としての余裕すら感じます。

　味見をさせてもらうと、やっぱり使っているのが丸大豆だけに、皿に注ぐだけで大豆の香りがしてきます。色味もきれい。先ほどのヤマロクさんが醤油の旨味が立った醤油をしっかり味わうタイプなのに対し、正金さんの醤油は控えめに、つける食材の味を引き立たせる。同じ木桶仕込みなのに、つくる蔵や仕込みの違いでこんなにも味が変わる。魅惑の醸造の世界と言えます。

丹後ばらずしを訪ねる

京都府・京丹後

海が見える米どころの、知られざる京都に、地元の人に愛される郷土寿司があった

海が一望でき田んぼが続く　あまり知らない京都の横顔

京都と言えば、神社仏閣、そして山に囲まれているイメージがありますが、京都駅からJR山陰本線で北へ向かって2時間電車に揺られると、日本海にぶつかる。そこはお馴染みの京都市内とは打って変わり、なんとも不思議な形の湾が入り組み、それに面してのどかで素朴な田園地帯が広がっています。

日本三景のひとつとして有名な、あの「天橋立」があるところと言えばおわかりになる人もいるでしょう。そんな丹後に、地元の人たちが1年に10回ぐらいは食べるという郷土寿司「丹後ばらずし」があると聞き、訪ねてみました。地元愛にあふれるお寿司とはいったいどんなものなのか、かなり楽しみです。

天橋立駅から乗り継いだのが京都丹後鉄道というローカル線。地元では「丹鉄《たんてつ》」と呼ばれ、2両編成でかなり風情がある。関東だとさしずめ、鎌倉に走っている江ノ電。これが丹後を走っています。京丹後市は、2004年に6つの町が合併してできた、比較的新しい市ですが、かつては丹後ちりめんで栄えた地。今でも豪商たちの家が残っています。

また、来て初めて知ったのですが、ここは米どころ。なにしろ、特急列車に乗っていると、見渡す限り田んぼが広がっています。刈り入れ前に訪れた

ので、実を膨らませた稲穂がなんとも美しいこと。お米を扱う寿司職人としては、興奮せずにはいられません。
　なんでも、流通量に限りがあったため、これまではほとんど近畿地方で消費されていたとのこと。隠れた米どころだったのです。しかも、肥えた土地と、山から流れる冷たい水に恵まれ、昼夜の温度差もある。まさに美味いお米をつくるには最適な環境で、地元で穫れる「丹後産コシヒカリ」はつやや粘り、そして甘みが強く、新潟魚沼産コシヒカリと同じ最高ランクの「特A」に過去12回も輝いている、すごいお米です。

サバのおぼろが特徴
甘辛が絶妙の押し寿司系

　京丹後のレストランでは「丹後ばらずし」というメニューがあるし、スーパーでも売っている。おうちでつくる郷土寿司が大半の中、ちょっと珍しい存在です。ここでは、お祭りや結婚式などの祝い事、子どもの運動会などのお弁当、そしてお葬式といった大勢の人が集まる席では定番の料理になっているようです。

　地元の役所の人に聞いて伺ったのが、ばらずし歴50余年の山添美智恵さん。地域で採れた特産物や身近な旬の食材を使ったレシピなどを研究し、料理教室なども主催。4年前から「ばらずしで丹後をつなぐ会」の活動もしています。なにしろ、持ってきていただいた宮島（しゃもじ）をはじめ道具類はすべて名前入り。使いやすいように職人に特注でつくってもらったというから、ばらずしへの愛は相当深そうです。

　ばらずしは通常の押し寿司と違って、サバのおぼろを使うのが特徴です。山添さんによると、「このあたりは昔からサバがよく獲れた」そうです。本来は焼きサバをじっくりと1時間ぐらい煮付けていたようですが、手間も時間もかかるので今はもっぱら地元の人は缶詰を代用しているみたいです。実は京丹後のスーパーでは他の地域ではあまり売られていない、２８０グラム入り

「ばらずしで丹後をつなぐ会」の山添美智恵さん。郷土料理の講師やレシピ研究をしている。

丹後ばらずしを訪ねる

京都府・京丹後

特大サイズのサバ缶が並んでいるのです。ばらずしがよくつくられているのがわかります。

　なので、今回も缶詰からつくったおぼろを使いました。やや深めで厚手の鍋のふたにサバをあけて、しゃもじでつぶしながら炒め煮をする。汁気がなくなったら、砂糖を加え、最後に醤油を入れてほぐします。全体に甘めな感じです。このほぐす作業は家では子どもたちが手伝ったりするようです。

側面だけはずすことができる「まつぶた」。ばらずしのきれいな断面をつくってくれる木箱。

きれいに切り分けられる優れものの「まつぶた」

散らす具材は、かんぴょう、高野豆腐、しいたけの甘煮、いんげん豆、かまぼこに錦糸玉子。このあたりはあまり厳密に決まっておらず、そのときにある野菜や全体の色合いで選んでいけばいいそうです。

　具がそろったら、「まつぶた」と呼ばれる浅い木箱に詰めていきます。ばらずしは酢飯と具が層になった断面がチャームポイントですが、まつぶたは側面だけが取りはずせ、きれいに切り分けられるように工夫されています。酢飯をたっぷりめに詰めて手で軽く押し、サバ、かんぴょうを散らした上にさらに酢飯を詰める。その上にサバとかんぴょうだけでなく、ほかの具も散らしていきます。

　こうして完成したばらずしはなんとも色合いが華やかで、すぐにでもかぶりつきたくなるほど美味しそう。食べないときはふたをしておくと乾かないし、上からぎゅっと押しておくと切り分けやすくなります。そして、入刀。切り分けると、なんだかケーキのようでもあります。山添さんは、子ども会でシフォンケーキなどをつくる容器に入れて「デコレーションずし」として出したことがあるとか。「もう、大受けでした」と子どものような無邪気な笑顔で話します。

　実際に食べてみると、ひと口でいろんな味がします。そしてサバのおぼろの甘辛さが絶妙な感じで口に広がり、

京丹後では、他では見かけない特大サイズのサバ缶を売っている。厚手の鍋のふたを使って炒め煮をして汁気を飛ばす。

そこに自家製の紅しょうがが色合いと味を引き締めて美味しい。正直、押し寿司系は一皿で満足してしまうものが多いですが、ばらずしは次から次へとどんどん食べたくなります。

残った分を翌朝、食べてみたら、お酢がなれてしっとりとしてさらに美味しくなっていました。朝からこんなにさくさくとお寿司が食べられることはあまりないので、ちょっと驚きでした。郷土寿司の取材をしていて感じるのは、つくった翌日にさらに美味しくなるものが多いこと。足が早い錦糸玉子だけ取りのぞけば、4日ぐらいは食べられるかも。「冷凍して保存し、蒸して温かくしても美味しいです」と山添さんは教えてくれました。

完成度の高い郷土寿司 自由なアレンジも魅力

地元で愛されているばらずし。その愛され上手な理由がわかりました。ひとつはとにかく美味いことです。郷土寿司の中にはもう少し工夫すると美味しくなるというものが結構あったりしますが、ばらずしは十分に美味しいお寿司でした。さほど工夫する余地もないほど、完成度は高いと思います。

あともうひとつは、家庭でつくりやすいことでしょう。サカナをおろすわけでもないので、「今晩つくろう」と思い立ったらすぐに、簡単につくれてしまう。子どもも喜んで食べるので、なにかあれば一緒に手伝ってつくろうとなりやすい。おうち寿司の理想的な絵が描きやすいわけです。

もっとも、寿司職人の僕からすると、缶詰は邪道という気がしますけど、そこは割り切ってもいいかも。サバに関してはアレルギーの人もいるので、サンマやサケなど、他のサカナ系の缶詰で代用してもできそうです。

そして、上に散らす具も自由度があるのがいい。旬の具材を使ってもいいし、おうちにあるもので対応しても大丈夫。多少、色合いを考えて散らすぐらいでしょう。こうした自由にアレンジできる点も、「よし、つくろう!」という気にさせるところです。

一緒に手伝ってくれた京都府丹後広域振興局の山口香里さん（右から2番目）と田茂井加奈さん、どうもありがとうございました！

酢酸菌の自然な発酵に委ねる「古式・静置発酵」の酢蔵

郷土寿司コラム ❷

手仕事でなければ生み出せない日本の伝統的な味を大切にする

京丹後の隣にある宮津市には、僕が尊敬してやまないお酢の銘柄「富士酢」の醸造元、飯尾醸造さんがあります。日本海の若狭湾に面した本社を訪ねると、黒塗りの建物が見えてくるとともに、お酢のいい香りも漂ってきます。

無農薬の新米しか使わない オンリーワンのつくり手

日本には約400社の食酢メーカーがありますが、自社で製造の設備を持っているのは3分の1以下。この飯尾醸造さんは自前で酒蔵まで持っている稀有なお酢の蔵です。しかも原料となるお米までつくっている。

お酢の原料米は古米やクズ米、それに米カスなどを使うのが一般的です。ところが、飯尾さんでは1964年から無農薬で育てた新米しか使いません。15年ほど前からは自分たちで棚田も保有し、2トンのお米をつくり始めている。棚田なのですべて手作業。そこで、全国にいる富士酢ファンが毎年手伝いに来るそうです。

JAS規格（日本農林規格）によると、1リットルのお酢をつくるのに40グラムのお米を使えば「米酢」と表示できます。なのにここの「純米富士酢」は1リットルに200グラムのお米を使う。ワンランク上の「富士酢プレミアム」に至っては320グラムと桁違

5代目当主の飯尾彰浩さん。明治26（1893）年創業の歴史に相応しい重々しく粋な日本家屋。

タンクを包むむしろは菌が発酵するために必要な酸素を取り込み、タンク内の水滴を吸い取ってくれる。

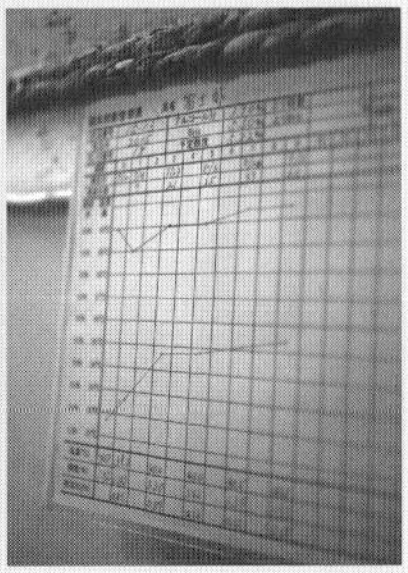

い。富士酢にはお米の芳醇な香りや、濃厚なコクと旨味があるわけです。

しかも、仕込みの工程を聞いてさらに他のお酢と違うことを痛感しました。毎年冬が仕込みの時期。自前で精米機まで所有しており、それで玄米を20％削る。お酢にとって理想的な精米だそうです。そのお米を洗い、蒸して、製麹室で麹をつくります。杜氏と蔵人が手で麹菌をまぶしてつくっている。

「機械の方が効率いいのでしょうが、あえて人の手でつくる昔ながらの製法を続けています」と5代目当主の飯尾彰浩さんは説明します。「酢もともろみ」というお酢の素となるお酒を仕込むまでの約100日間、杜氏は連日泊まり込み。まさに日本酒と同じです。

お酒とお酢が混ざる
ゆっくりとした時が流れる

そうしてできあがった酢もともろみを搾り、そこに軟水と種酢という前年につくったお酢を3分の1ずつ加えて発酵させます。つまり、毎年つくったお酢は3分の2しか出荷しない計算となります。

多くのメーカーはタンク内に空気を人工的に送って発酵を促進させるので、8時間から長くても数日で発酵が終わってしまう。対して、飯尾さんでは酢酸菌が自然発酵するのをじっと待つ「古式・静置発酵」を採用。発酵に約100日と時間はかかるものの、アミノ酸を多くつくりだすことによりまろやかな味に仕上がる。酢蔵に入ると、お酒とお酢の香りが混ざり、ゆっくりと発酵しているのがわかります。

できあがったお酢はその後、別のタンクに移し、250〜360日熟成させてようやく出荷となる。なんとも根気のいる仕事です。「この造り方は大量生産には向いていません。でも伝統的な製法や手仕事でなければ生み出せない味もあります。この日本の味と技を100年先まで受け継ぎ、伝えていくことが私たちの仕事です」。5代目の視線は、遠く未来を見据えています。

酒《さけ》ずしを訪ねる

鹿児島県・鹿児島

お酢の代わりにお酒を使う変わり種
郷土寿司の奥深さを教えてもらった

お酒で漬け込むお寿司を この目と舌で確かめに

全国には実に様々な郷土寿司があることを教えてくれたのが鹿児島の旅でした。なにしろ、お酢を使わない「酒ずし」の登場です。こんなお寿司は食べたことがない。もっとも、酒豪が多い土地柄、しかも芋焼酎が名産の薩摩ですから、お酢の代わりにお酒を使うこともあり得ない話ではありません。

鹿児島ですぐに連想するのが桜島。このところ噴火が心配されていますが、訪ねたときは穏やかな表情を見せていました。市内のちょっとした高台に登れば、雄大な姿が望める。鹿児島の人にとってはさぞかし特別な存在なのでしょう。

酒ずしには、「灰持酒《あくもちざけ》」という灰汁《あく》を加えてつくる珍しい料理酒を使います。強アルカリ性の灰汁が天然の防腐剤となり、火入れをしなくても常温で保存ができる。よって、麹や酵母由来の酵素がそのままお酒の中で活きているため、ごはんや具材の旨味を引き出してくれるわけです。

日本最古の酒づくりとも言われ、西日本を中心につくられていたようですが、戦時統制で原料の米の供給が断たれたために途絶えてしまい、また一方で、火入れの酒づくりが主流になったことで、一時は廃れていた。それを1955年に復活させたのが鹿児島にある東《ひがし》酒造さん。「高砂の峰」という灰

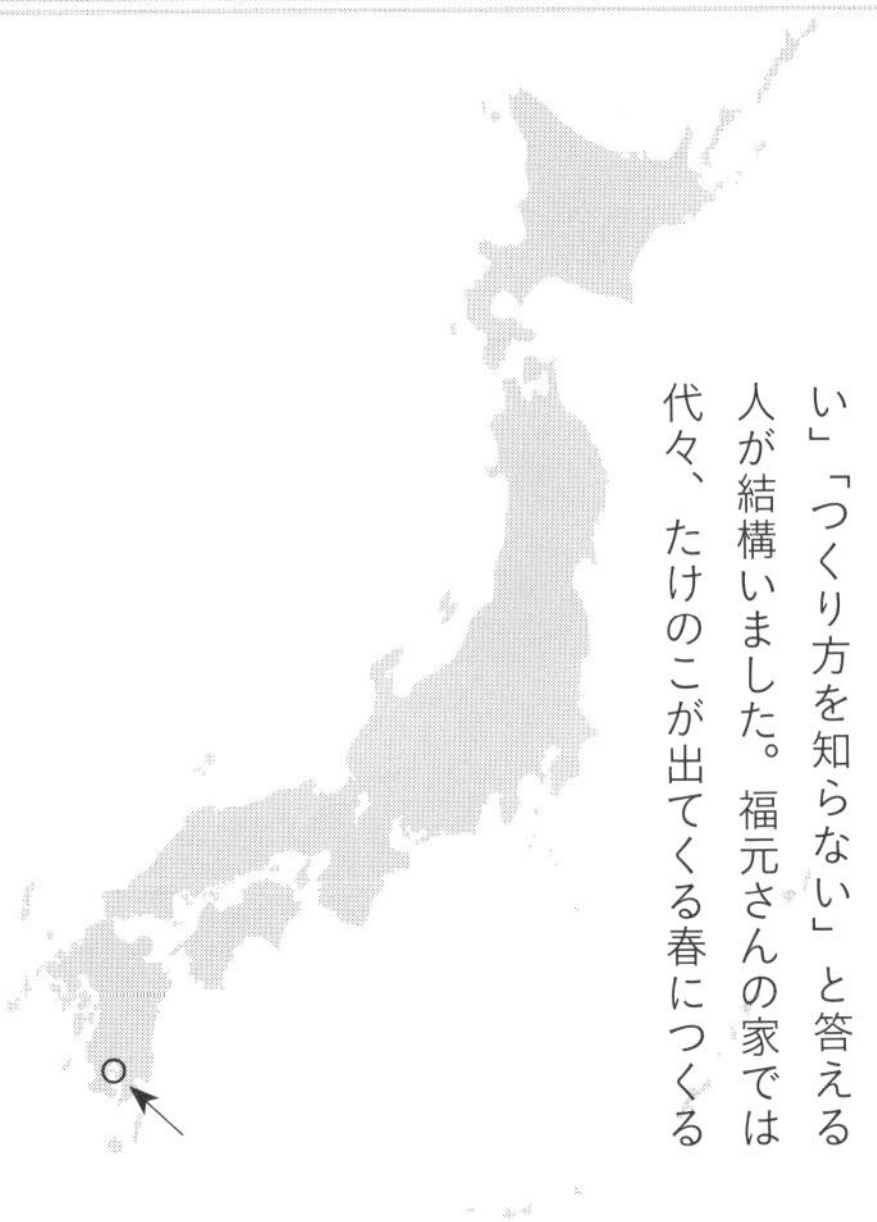

持酒を今に残す、数少ない酒蔵です。

具材をふんだんに使う春を感じさせるお寿司

今回の先生はその東酒造3代目社長の福元万喜子さん。高砂の峰の醸造元として、その酒ずしをしっかり残していく責務も負っているようで、「自称、酒ずし保存会」をつくっています。

地元の人に尋ねると「名前は聞いたことがあるが、実際に食べたことがない」「つくり方を知らない」と答える人が結構いました。福元さんの家では代々、たけのこが出てくる春につくるのが習わしになっている。どちらかというと、特別な席で食べることが多いようです。

社内に用意されたキッチンに入ると、テーブルの上には具材がずらり。「酒ずしは色合いも大切にするので、そうした観点から選んでいます」と福元さんが言うように、海の幸ではタイ、イカ、鹿児島の近海で獲れるタカエビにサヨリなどの銀の魚。一方、山の幸はたけのこに干し大根、干ししいたけ、つわぶき、三つ葉など多彩な顔ぶれです。これだけそろえる必要があるとなると、そうそう気軽にはつくれないでしょう。

具材は各々下茹でし味付けしていきますが、その際にいつも使うのが高砂の峰です。具材はまだ続きます。ご当地のさつま揚げに、紅かまぼこ、そしてこがやきという卵が入ったかまぼこ風、それに薄焼玉子。これらをすべて短冊に切っていきます。ただ薄焼玉子だけは違う。「千切りにすると惣菜感が出てしまう。酒ずしはちょっと特別なものなので」と福元さんはあえて菱形に切っていました。

下準備が終わると、いよいよ仕込み。飯台にごはんを広げてよく冷ましておきます。冷ましておかないと、お酒で漬け込んだときに発酵が早く進んでしまうそうです。そこに高砂の峰をどぼどぼとかけます。あっという間に、ごはんはおじや状態。ごはん粒は次第にふやけ、お酒によって発酵し始めると平たくなっていくとのこと。これを四等分にし、1／4ずつを皿ですくいな

東酒造社長の福元万喜子さん。「祖母、そして母親からつくり方を教わってきました」。

酒ずしを訪ねる

鹿児島県・鹿児島

がら、琉球塗りの桶に敷き込みます。

酒ずしは押し寿司系なので、ごはんを強めに押す必要があります。手についたごはんは、残しておいた高砂の峰で洗う。お酒以外は一滴も水気を入れない徹底さです。最初に、山の幸の具材をまんべんなく散らし、その上にまたごはんを敷き詰め、今度はさつま揚げやかまぼこ類。そしてごはんを敷き、最後に三つ葉を散らし、海の幸、菱形の薄焼玉子に山椒の葉を添えます。

ごはんに和えていく海の幸と山の幸のオールキャスト。左上にあるのが灰持酒「高砂の峰」。酒ずしの味を司る。

6時間程しっかり漬け込む 飯粒がお酒を吸うのを待つ

でもまだ、完成ではありません。この上に具がつかないようにハランをのせ、ふたをして上から押す。するとお酒が下からしみ出てきます。ふたの上にまな板を置き、その上に重しの石。いきなり重たくしてしまうとしみ出たお酒がこぼれてしまうので、ごはんがお酒を吸って下がっていくのを見計らいながら、徐々に重しを重くしていくのがコツだそうです。

「放っておくことはせずに、ときどき見守ってあげることが大切です」と福元さんは言います。こうして待つこと5〜6時間。恐る恐る、石をはずし、ふたを開けると、仕込んでいたときに漂ったお酒の香りが弱まり、桶の中で料理されたような香りに変わっています。

縁いっぱいまであったごはんは圧縮され、1㎝ほどの隙間が空いている。ギュッと押された表面を見ると、トッピングで載せたイカから下の具が透けて見える。派手ではないですが、なんとも品のある艶やかな色合いです。

くずすのはもったいない感じですが、食べないと話になりません。手慣れた手付きで福元さんが切り分けてくれました。ケーキのように三角錐の形で一部分を切り取ると、6層になった断面が見えます。赤茶色をしている高砂の峰を思いっきり吸い込んだのか、ごはんもほんのりと茶色です。

お皿によそってもらい、口に運ぶと、

つくってもすぐには食べられない。こうしてふたをし、石などの重しをのせてごはんにお酒をじっくり吸わせる。

思ったほどお酒の味はせず、いろんな具材の味が顔をのぞかせるように広がっていきます。これまで食べたことがない味であることは確か。2杯目をおかわりすると体が気持ちよくなっている。これは大人のお寿司です。

火入れをしていない灰持酒によって時間が経つとごはんや具材の分解が始まり、発酵していく。実際、翌朝にホテルに持ち帰った酒ずしはなれて、間違いなく旨味が増していました。

松岡修造さんがホストを務めるテレビ番組『くいしん坊!万才』でも取り上げられ、松岡さんがもう一度食べたい料理にこの酒ずしを選んだという話。さすが松岡さん、美味しいものはよく知っています。

なんでも東酒造さんの創業者、東喜内さん（福元さんのお祖父さん）は102歳まで生きたそうです。「体調の良くないときや弱ったときには、必ず酒ずしをつくってもらって食べていました」。なるほど。甘酒を「飲む点滴」と言いますが、酒ずしはまさに「食べる点滴」。創業者が身をもって教えてくれています。

お寿司は酸っぱいという当たり前が軽々と覆された

酸っぱくないお寿司を食べたのは初めて。お酢や乳酸の酸っぱさがあるのがお寿司と思っていたので驚きでした。もっとも、お酒は置いておくとお酢になるので、そのまま常温で放置しておくと、酸っぱい味に変わるのでしょう。

酒ずしを東京に持って帰り、どのように味が変わっていくかを実験してみました。すると、日が経つに従ってなれて、ごはんは次第にくずれて液状化していきました。でも、風味がより出て、味はどんどん美味しくなるのがわかりました。店のメニューとしても出してみると、どのお客さんも「こんなお寿司食べたことがない」と感動していました。

残念なのは、地元の人たちの間であまり食べられていないこと。確かにつくるのに手間ひまはかかりますし、気軽につくれるわけでもありませんが、これから人気が出るといいですね。

2011年に、東京の証券会社から家業を継ぐために戻ってきた福元さんの息子さん、常務の文雄さんも一緒に。

もち米寿司を訪ねる

新潟県・佐渡

モチモチとした食感が衝撃的な郷土寿司
1年を通して味覚の宝庫の島で発見！

年間通して食材が豊か
完全な自給自足が可能

「郷土寿司プロジェクト」の旅は、いつもユニークなお寿司たちとの出会いで衝撃と感動の連続です。今回の佐渡もどんな感動が待っているのやら。

その前に簡単に佐渡の紹介。面積は約855㎢で、東京23区の約1・5倍に当たります。離島としては日本一大きい。新潟県にある島ですが、古くは京の都の政争に敗れた人たちが流された遠流《おんる》の地だったり、江戸時代から明治初期にかけては北前船の寄港地だったりという歴史がある。京都をはじめとした西日本の文化の影響を強く受けています。

確かに、地元の人たちが話す言葉のイントネーションはどちらかというと関西弁に近く、島民性も明るい。おばちゃんたちがしゃべっているのを見ていると、しっかりとボケとツッコミが入っています。関東人の僕からすると、すぐに思い浮かぶのが金山かトキぐらいですが、自然の豊かさ、そして1年を通してあふれんばかりの食材に恵まれていることには行ってみて驚きました。

新潟に渡る船がなくなったとしても、完全に自給自足可能な島でしょう。2011年には日本で初めて、世界農業遺産に認定されています。これは、次世代へ継承すべき重要な農法や生物多様性等を有する地域を認定するもの

です。

　どれだけ豊かと言うと、たとえば、日本でも屈指の柿の産地。種なし柿の「おけさ柿」は年間約５０００トンが主に関東や北海道に出荷されている。柿というと、近所の家の庭に生《な》っているのを小さい頃からよく見ていましたが、こんなにたくさんの柿が実をつけている光景は初めてです。

　一方、サカナは北から南、それに深海系まで水揚げされ、それが翌朝には東京の市場に並ぶ。佐渡の魚市場には驚くほど多種類の魚介が並んでいました。サカナを見るのもさばくのも食べるのも好きな僕にとってはたまらない場所でもあります。

　米どころでもあり、全国でも最高レベルのお米がつくられています。水も清らかで、島内には5つの酒蔵がある。農薬はもとより、化学肥料や有機肥料を一切使わない自然栽培でお米をつくる生産者さんも多く、その中のひとつ、齋藤農園さんでは、なんとお寿司のためにつくられた「笑みの絆」というお米を手掛けていました。

　お酢が絡みやすい品種だそうで、稲穂は丈が短いので倒れにくい。しかも高温にも強いとタフネスな稲。田んぼで夕日を浴びている姿は、寿司職人の僕にはより一層輝いて見えました。

黒いひじきに緑のかんぴょう 具材の様々な色が共演する

　そんな佐渡に、もち米を酢飯にしたという、かなり興味をそそられる郷土寿司があります。佐渡の人たちに聞くと、「お寿司と言えば、もち米を入れるのが当たり前」だそうです。正月やお祭りのときなどにつくり、間に具を入れて巻く「巻き寿司」が基本型。華やかな色合いを大切にしています。

　今回の先生は地域の健康推進員を務めている和田藤江さん。和田さんがまずつくり始めたのが、外側の伊達巻きです。卵を割りほぐした中に小麦粉、砂糖、ベーキングパウダー、お酒、それに水を入れて混ぜ、それをホットプ

先生の和田藤江さん。一緒に手伝った娘さんと親子漫才的トークを披露してくれた。

もち米寿司を訪ねる

新潟県・佐渡

レートで焼いていきます。まるでホットケーキを焼く手さばきです。

ふんわりと膨らんだら、お父さんから形見でもらったお手製のヘラで裏返します。「これじゃないと、うまく引っくり返せないの」と茶目っ気たっぷりの笑顔で説明してくれます。

次に、焼けた伊達巻きを巻き簾の上にのせ、うるち米5：もち米5の割合の酢飯を敷きます。「酢飯はぺったんこにしないと、巻きにくいからね」と言う和田さんのアドバイス通り、酢飯を平らに敷き詰めます。ここに具を。入れるのは桜でんぶでピンク色に染めた酢飯。これを海苔で巻きます。

パンケーキ風の伊達巻きの上に広げたのが、もち米ととうるち米を半々に混ぜた酢飯。特製のヘラで平らにする。

奥に黒いひじき、手前には食紅で鮮やかな緑に染めたかんぴょうを添えます。ひじきを巻き寿司の具にするのはとても珍しい。でも、ひじき自体の塩気は酢飯の酸味と合いやすいので味が引きしまりそう。かんぴょうの緑色にちょっとびっくりしましたが、切ったときの色合いを考えた上での配色なのでしょう。

お酢との相性は想像以上 もち米の秘めた力を知る

これを、巻き簾で巻いていきます。具材がたくさん入っているし、しかもひじきはこぼれやすい。その上、伊達巻きが結構分厚いので、慎重に巻いていかないと、失敗しそうです。

ようやく、ひとつ巻き上がると、和田さんが素早く半紙を間にはさんで新聞紙で巻いていく。「こうしてあら熱をとるのよ。ラップだと湿気がとれないので、新聞紙がちょうどいい」。本来はこのまま2時間ほど置いておくと、太巻きがぐっと引きしまり、一体化するので、食べたときにバラバラとくずれないそうです。

具だくさんの上、伊達巻きも分厚いので、慎重に巻いていかないとパンクしてしまう。ひじきも難敵。

いよいよカット。庖丁を、砂糖を入れたお酢に浸けてから切っていきます。もち米はお米より粘り気があるので、庖丁にくっつきやすいからです。やや厚めに切っていくと、断面にはひじき

の黒、桜でんぶのピンク、かんぴょうの緑が現れ、伊達巻きの黄色と合わさって、なんともかわいげな色合いです。お寿司というよりは、どこかロールケーキのような印象です。

食べてみると、パンケーキのような食感に続いて、もち米の酢飯が登場。ねっとりと、そしてモチモチとした歯ごたえなのに、しっかりと酢飯。これはちょっと驚きの食感です。想像以上に酢ともち米が合っています。そして美味い。もち米だけにひとつ頬張っただけでも、ずっしりとしていてボリューミーでもありました。

そして、見た目同様にスイーツです。「昔は甘いお菓子など、なかなか手に入らなかったので、こうしたお寿司がその代わりだったのよ」。和田さんはニコニコと笑顔で教えてくれました。ご指導ありがとうございました。

特定の名前がなかったので勝手に命名してしまった

ちなみに、佐渡の人たちはこのもち米を使った郷土寿司を「お寿司」と呼んでいて、固有の名前がありませんでした。そこで、「郷土寿司プロジェクト」で名前をつけることに。もち米を使っていることがすぐにわかるように、「もち米寿司」と呼ぶことにしました。

子どもも大人も、お餅は大好き。でも、近頃ではお正月ぐらいしか食べる機会がありません。それはとてももったいない話です。お餅をついたり、お赤飯を炊いたりするのは結構大変ですが、こうしたもち米寿司であれば、さほど手間をかけずに、気軽に食べられる。ぜひとも、みなさんのおうち寿司に加えて欲しいと思いました。

巻き寿司系なので、具材がいろいろアレンジできるのもいい。できることなら、あまり食紅などを使わず、自然の色合いを生かしてつくっていけると、いいかもしれません。

とにかく、もち米を酢飯にするというのに驚きました。同時に、どうして今までやろうとしなかったのか、悔やまれました。頭の中で「こんな感じかな」と想像した以上に、モチモチとして食感も良かった。またひとつ、郷土寿司に教えてもらいました。

和田さんの娘さんの名畑邦子さん（写真左端）、それにご友人の土岐幸子さん（写真右端）、ありがとうございました！

郷土寿司大国を訪ねる

高知県

郷土寿司への愛があふれるお国を巡り、野菜やおからを使ったお寿司をつくる

数々の「日本一」を有する独自の食文化を育む高知県

次なる目的地は高知県です。あまり知られていませんが、高知には数多くの郷土寿司があります。ひとつの県で、こんなに種類があり、数も多いのは珍しいこと。日本地図で見ると、東西に弧を描いた形をしており、まるで太平洋の黒潮を抱いているように見えます。

県境には四国山地という高い山々が連なり、昭和10年（1935年）に香川と高知を結ぶ土讃《どさん》線という鉄道が通るまで、四国の他県とは鉄道でつながっていませんでした。本州の経済や文化もあまり入ってこない陸の孤島で、独自の文化が育まれたようです。

気候的には冬も比較的暖かく高温で、雨が多いわりに晴天も多い。とにかく日照時間は長いので、植物が育ちやすい土地柄です。よって、山の幸にはとても恵まれています。なにしろ、県内の森林率は84％と「日本一」森が多い県です。でもそれは裏返せば、平地が少ないということでもあり、山間地域に行くとあちこちに棚田があります。それも急傾斜のところを拓いているので、頑丈な石垣を見かけます。

他にも日本一がたくさん。たとえば、ゆずの生産量が日本一です。お寿司にはこのゆず酢がよく使われています。そして、なす、しょうが、みょうが、ししとう、にら、ぶんたんがいずれも日本一。加えて、山に行けば山菜が採

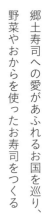

れます。
　一方海は、黒潮が季節ごとに様々な回遊魚を連れてくるし、東西に弧を描く海岸線は岩肌もあれば砂浜もあって、実に多彩なサカナが獲れる。中でも、足摺岬がある四国最南端の地、土佐清水市は有数の漁場。１年を通して身が引きしまった「土佐の清水サバ」が獲れることで知られています。
　おそらく1年中、食べるものには困らないでしょう。高知の人はみなさん、明るく、そしておしゃべり。地元の年配の方は「ここの人は辛抱がなく、熱しやすくて冷めやすい」と話しますが、そんなおおらかな県民性はこうした気候風土が育んだようです。

彩り鮮やかな野菜を使う「田舎ずし」とご対面

　まず最初に、県内の山間地域でよくつくられている「田舎ずし」を学びに津野町へ。教えてくれる笹岡三栄さんは地元で、郷土寿司や手作り味噌の伝承などに努めています。

　実は１９８６年に、全国の郷土料理を取り上げる「全国ふるさとおにぎり百選」という催しが行われ、その際笹岡さんらのグループが出品するお寿司に、「田舎ずし」と命名したのだとか。

　お寿司自体は山間地域で古くから食べられている山の幸を使った山菜寿司です。「このあたりは海産物がなかなか手に入らない。お寿司と言えば、山のものを使うのが当たり前でした」と笹岡さんは話します。

　このお寿司、とにかく色合いがきれい。重箱には緑から紫、茶色、焦げ茶色までといろんな色がそろっています。よく見れば、大菜《おおな》にしいたけ、みょうが、たけのこ、それにこんにゃくと野菜ばかり。ただひとつ、薄黄緑色をしたものは見たことがない。聞くと、ハスイモの一種で名前が「りゅうきゅう」だと言う。ハスイモなのに芋は食べず、茎だけ食べるという不思議な野菜ですが、煮しめや酢のものとして毎日の食

「田舎ずし」を教えてくれた笹岡三栄さん。ふんだんに野菜を使うお寿司には未来のお寿司のヒントがたくさん隠れていた。

田舎ずし

郷土寿司大国を訪ねる

高知県

卓に並ぶほど、高知の人たちにとっては馴染みのある食材です。おそらく県外にはほとんど出回っていないでしょう。

家の脇や畑などに生えていて、7月から11月までに茎を伸ばし、大きな葉をつける。台風が何度来ても倒れない、丈夫な野菜とのこと。その茎だけもいで、皮をむいて塩漬けにします。「冷凍にしておけば1年中食べられる。味はあまりないけど、シャキシャキとした食感がよく、山間部では貴重な繊維質となる」。ただし、皮をむくときに山芋のように手が痒くなるようです。

田舎ずしでは、塩をふってしんなりさせたりゅうきゅうを巻き簾の上にのせます。その上に酢飯を敷き、巻き簾で巻き固める、いわゆる棒寿司系のつくり方です。酢飯はほんのりとゆずの香りがします。高知名産のゆず酢を使い、そこに刻みしょうがとごまを混ぜています。高知ではどこも酢飯はこのスタイルが多いようです。

大菜やたけのこも各々下茹でや塩抜きをして、同様に棒寿司にし、2センチぐらいの幅で切っていきます。こんにゃくは甘辛く煮て、三角形に切り、中が袋になるように切り目を入れて酢飯を詰める。プクッと膨らんだこんにゃくがとてもかわいらしい。

赤身のサカナに見えるのはみょうが。甘酢に漬けてあるので鮮明なピンクに染まっています。こちらは握りの上に。甘辛煮のしいたけは上を十文字に切り、丸い形に合わせて酢飯を手まりにしています。

これが「りゅうきゅう」。食べるのは茎の部分だけで、高知の山間部の人たちにとっては貴重な繊維質の野菜だ。

こうした野菜の下ごしらえは必要ですが、それさえ済ませておけば、あとは配色を考えながら並べていけばいいわけです。笹岡さんがハランやナンテンの葉などを使って、見事な構図で盛り付けてくれました。食べてみると、どれも野菜のシャキシャキ感があり、歯ごたえが心地よい。その上、ごまとしょうがが利いた酢飯が実に上品な味わい。ネタがサカナでなくても十分美味しいです。

酸っぱくて、キュートな「キビナゴのおから寿司」

次に向かったのは宿毛市《すくも》。ここはキビナゴがよく獲れるところで、そのキビナゴとおからを使う郷土寿司「キビナゴのおから寿司」があります。キビナゴがまるでほおかぶりをしているように見えるので「キビナゴのほおかぶり」とも呼ばれています。

実際に訪れるといい感じの漁港の町。

「キビナゴのおから寿司」の先生、河原多絵さん。会ったばかりの僕を、「大ちゃん」と呼ぶ気さくな姉御肌のおかみさん。

先生となる河原多絵さんは地元のキビナゴ漁師のおかみさんですが、キビナゴ関連の商品の販売を手掛けている「土佐ひめいち企業組合」の代表もされている。「愛媛県宇和島におからを使った郷土料理があり、それがここにも伝わったらしい」とのことです。

おからなのでヘルシーだし、また巻いたキビナゴがキラキラと輝いている。見た目もコロッとしてかわいい。そんなキュートな魅力も評価され、ＪＡＬのファーストクラスの機内食にも採用されている、空飛ぶ郷土寿司です。

さっそくつくることに。今朝獲ったばかりのサバを焼いて、骨をとりながらほぐします。このサバがおからに旨味を加えます。そして中華鍋にサラダ油を入れ、みじん切りにしたしょうがを加えて炒めます。しょうがで、香りを出すわけです。

そこにほぐしたサバとおからを入れ、さらに加えるのが豆乳です。水よりも豆乳の方がコクが出るようです。そしてお酢、砂糖、塩、酒、薄口醤油を入れ弱火で炒めていきます。全体がしっとりしたらできあがりです。「もう1日寝かせると、よりしっとりとして旨味が出てきます」。

キビナゴのおから寿司

次はキビナゴ。ハサミで頭をカットし、腹にも切り込みを入れます。そこに指を入れて開き、はらわたと背骨をとっていきます。「包丁などを使うより、こうして指で直接するのが一番手早いし、きれいにとることができるのよ」と河原さんはケラケラ笑います。なんとも豪快だし、おおらかな土佐の人たちです。

さばいたキビナゴはお酢でしめます。その間に先ほど炒めたおからを手まり寿司のように丸めていきます。透明だったキビナゴの身が白っぽくなったらお

郷土寿司大国を訪ねる 高知県

酢から出し、おからに巻きます。これで完成です。酸っぱいおからとぷりぷりのキビナゴが絶妙に合って、従来のおから寿司の概念が変わるほどの美味しさでした。

漁師さんに愛された「つわ寿司」皿鉢料理が郷土寿司の元

最後の行き先は土佐清水市窪津。目の前には広大な太平洋が広がる、漁師さんの町です。ここの郷土寿司「つわ寿司」はつわぶきの葉を上下に敷いて押し寿司にしたもので、箱に入れ、上には石やレンガをのせてギュウギュウに硬く押し詰めるそうです。中の酢飯には細かく炒った玉子とパセリをふりかけのように散らした程度でシンプル。つわの葉は食べずに、むいて食べます。

要は、沖で揺れる船の上でも漁師さんがこぼさず、食べやすいようにと考えられたもの。つわの葉っぱがお皿代わりになるのです。また、酢飯を押し固めているので、一切れ食べただけでも満腹になる。漁師さんたちの暮らしの知恵から生まれたお寿司です。

高知県立大学名誉教授の松﨑淳子先生。高知の郷土料理を研究する郷土食の大家であり、軽妙な土佐弁の話し手。

ところで、どうしてこんなにたくさんの郷土寿司が高知にあるのでしょうか。高知県立大学名誉教授の松﨑淳子先生は「藩政の頃から、大皿に盛った取り回しの料理を出す『皿鉢《さわち》料理』という食文化があり、これが多種多様な郷土寿司を生んだ」と説明します。

普段は質素に暮らしながら、祝いの席となるととことん派手にする土佐人。とりわけ、お客をもてなすことは徹底的にするそうです。皿鉢料理は、伊万里や九谷、有田焼といった3人分ぐらいは盛れる大皿に様々な料理を並べるもので、お客がつまんで皿の料理が1／3ぐらいになると取り下げて盛り直す。常にいっぱいにしておくそうです。そしていつも中央に鎮座していたのがお寿司だったわけです。

また、高温多湿の気候の中で食欲低下を抑えるために各地でお寿司が積極的につくられたという。「なにしろごはんが一番のご馳走だったのよね」。そう話す松﨑先生はなんと89歳（2015年10月現在）。そんなお年には絶対に見えない元気の塊です。聞くと、先生の大好物はお寿司とか。元気と情熱の源は、やはり美味しいお寿司なのです。

「つわ寿司」。元々は漁師さんの弁当的なものだったが、今では結婚式やお祭りといった行事のときに食べられている。

日本食伝道ユニット「HANDRED」

郷土寿司コラム❸

100年先に「日本の味」を受け継ぎ伝えていく雄志

郷土寿司を訪ねて各地を巡っていると、伝統的な製法と手仕事に頑なにこだわりながら素晴らしい食を生み出しているつくり手のみなさんと出会うことがあります。日本人が昔から慣れ親しんできた繊細な味、芳醇な香り、豊かな風味、そして奥深い旨味といった「日本の味」は、そうした生産者さんがいなければ失われてしまうものです。

ところが、どれも大量生産ができないばかりに、あまりその存在を知られることがありません。郷土寿司と同じように姿を消そうとしているところも少なくない。そこで、自分たちの考えやメッセージを、イベントなどを通して国内外に広く発信していこうという取り組みがつくり手側から起こりました。それが日本食伝道ユニット「HANDRED（ハンドレッド）」です。

失われつつある（＝RED）、日本の手づくり（＝HAND）の味を、次の100年（＝HUNDRED）につなげていきたい想いを名前に込めました。

メンバーは「富士酢」飯尾醸造の飯尾彰浩さん、「真澄」宮坂醸造の宮坂勝彦さん、「福来純本みりん」白扇酒造の加藤祐基さん、「三ツ星醤油」堀河屋野村の野村圭佑さん、「加賀棒茶」丸八製茶場の丸谷誠慶さん、「鈴廣」鈴廣かまぼこの鈴木結美子さんの6人。いずれも創業100年を超す老舗の、若き後継者のみなさんです。

左から、野村さん、加藤さん、鈴木さん、飯尾さん、丸谷さん、宮坂さん。都内で手巻き寿司のイベントを行う。

日本屈指の漁港、千葉県・銚子の郷土寿司を自分たちの手でつくる

「銚子つりきんめ鯛の生粕漬」 銚吉屋《ちょうきちや》

すでにある郷土寿司を訪ねるだけでなく、自分たちで新たな郷土寿司をつくってしまおうという取り組みも行っています。試みたのは漁獲高では日本指折りの漁港、千葉県・銚子です。

沖合に冷たい親潮と暖かい黒潮がぶつかる銚子の港には多種多様のサカナが水揚げされています。そのほとんどが東京の市場に直送されているため、わざわざ銚子まで行って食べたり買ったりしたいと思える名物が実はありませんでした。

「そんな銚子に、人を集められるモノコトを仕掛けたい」。ある日、酢飯屋の常連で、都内の出版社に勤める林尚史さんが大学の同級生だった会計士の藤本健二さんを連れてやってきました。藤本さんは銚子出身。さびれていく地元を元気づけたいと考えていました。

キンメダイを生のまま粕漬に 誰もやったことがない挑戦

「では、僕らで名物をつくりましょう」。若い男たちの勢いでプロジェクトは始まりました。目をつけたのが「銚子釣りキンメダイ」です。というのも、銚子はキンメが獲れる北限で、すでにキンメのブランディングに成功している伊豆産などに比べても脂がのっています。また、立て縄と呼ばれる一本釣り漁法で1尾ずつ丁寧に手釣りされるため、サカナの体に傷がついていない。その分、価格も倍近くします。

ただ、こうした銚子のキンメの評判もサカナ関係者の間で有名なだけで、一般の人には知られていません。漁獲高もさほど多くないので地元のスーパーでも安く売られていないほど。「せっかくの銚子の財産をこのままにしておくのはもったいない」と思ったのです。

桐箱に入った商品(半身1枚〈切り身21枚にカット済み〉)。「銚吉屋」HPで販売中。

キンメは生で食べるのが美味しいのですが、それだと時間と場所が限られます。かといって、冷凍にしてしまうとどうしてもクオリティが落ちてしまう。「そもそも高価なサカナなのだから、加工して高くなるならむしろ突き抜けるしかない」と思いついたのが生粕漬けでした。

凍った商品を袋のまま常温の水に浸し、3分程で解凍。冷蔵庫だと3時間程で食べごろになる。

　粕漬けとはサカナを保存させるもので、生で美味しいものをわざわざ粕漬けにしたりしません。しかも、粕の味が立ってしまって、サカナ本来の味がぼやけてしまうことが多いのです。漬けサカナの老舗「築地漬け亭」の職人、影山亮さんをメンバーに加え、仕事が終わった深夜に集まって実験を重ねると、キンメは粕に負けないことがわかりました。

　しかも、粕漬けにしたものを通常のように焼かずに生の状態で食べてみると、水分が抜けて旨味が増していることもわかった。「これは、生とは違う新しいキンメの味が発見できたのでは」と思わず興奮しました。

　ただし、あくまでも銚子の名物をつくるのが目的です。僕らがやっていることはある意味余計なこと。地元で認められなければ意味がない。そこで、銚子のキンメダイ漁師さん40人全員に試食してもらったところ、みなさんに「美味い」と言ってもらえました。地元の漁協からも「銚子つりきんめ」という公式ステッカーを貼っても構わないとのお墨付きをもらいました。

　こうして完成したのが「銚子つりきんめ鯛の生粕漬」です。キンメを粕漬けにして冷凍。解凍後は生で食べるという唯一無二の一品です。キンメの旨味、酒粕の甘み、そこに酢飯の酸味が加わると極上のハーモニーを奏でます。銚子の郷土寿司がつくれるかもしれない、と感じています。

毎秋開かれる「銚子金目鯛祭り」に出店。後列左から林さん、藤本さん、藤本さんの同級生でキンメ漁師の息子さんの山口求さん、前列右が影山さん。

おうち寿司のレシピ

材料

- 家族、友人、知人の笑顔
- 「今日は、酢飯を食べたい!」気分
- お寿司への少しだけの知識、そして愛
- 郷土寿司への好奇心
- 日本の季節を感じる心
- おうちでつくる手間を楽しむ気持ち

手順

① みんなでつくる。

② みんなで食べる。

酢飯屋の歩みは
おうち寿司の過去、現在、未来

東京・文京区にあった元豆腐屋さんを、自分たちの手で改造して「酢飯屋」を始めたのが2008年のこと。寿司屋ですが、大正時代から建つ古民家をそのまま使っているのでおうちそのもの。酢飯屋が出すお寿司は考えてみれば、「おうち寿司」の目線なのです。ただ、建物はとうとう老朽化してしまったので、2016年12月に解体することになりました。その後は装いも新たになりますが、引き続きおうち寿司の心は大切にしていきます。

酢飯屋

東京都文京区水道2-6-6（2016年12月まで）
Tel. 03-3943-9004　http://www.sumeshiya.com

おわりに

食材に込められた魂を多くの人の心に届けます

寿司職人はたくさんの「豊かさ」を持っています。まず、大切な人にお寿司をつくれ、その人を幸せにできます。１日の多くの時間、五感を鋭く使うのでどんな物事も五感で捉えられるようになります。また、毎日多くの方と出会え、その方々のお陰で自分が成長できる。サカナ、肉、野菜と多くの命を日々扱い、そこに込められた魂が自分の魂を大きく育ててもくれます。そして、料理で世界中の人とコミュニケーションがとれ、感動させることもできる。

今後も寿司職人としてそうした豊かさと素晴らしさを発信するとともに、昔、現在、未来のお寿司を掘り下げ、現地に足を運び、身を置き、感じ、吸収し、自分なりに表現することを続けていきたいと思います。その結果、食材に込められた魂を誰かの心にしっかりと届けることができたのなら、寿司職人としてこんなに嬉しいことはありません。

最後に、この本を書くきっかけを下さったライターの佐藤俊郎さん、取材先で同じ部屋で一緒に寝ることもあったカメラマンの遠藤宏さん、男臭いこだわり寿司本にならないように誘導して下さったＰＨＰ研究所の渡邉智子さん、本物が負けそうなくらい美味しく写真を撮って下さったカメラマンの三木麻奈さん、一見渋いジャンルの本をセンス良くデザインして下さったフレーズの皆様、また郷土寿司の原点を惜しげもなく伝授してくださった各地の皆様、食の原点を司る生産者の皆様、出版にあたり様々なアドバイスをくださった皆様、友人、酢飯屋関係者、家族。そうした多くの皆様のご協力があり無事、初出版に至りましたことを深く御礼申し上げます。

今日もお寿司が、皆様の幸せな人生の一部になりますことを祈って。

稲穂がそよぐ田んぼにて

岡田大介

本の制作で、大変お世話になりました!

●参考資料

『すしの事典』（日比野光敏著、東京堂出版）

●料理道具協力

釜浅商店（東京都台東区松が谷2-24-1
☎03-3841-9355）

●郷土寿司取材

〈香川県・小豆島〉
一田初美さん（小豆島四海漁業協同組合女性部）
山本康夫さん（ヤマロク醤油）
藤井泰人さん（正金醤油）
塩田幸雄さん（小豆島町）
中川有里さん（小豆島町）
小西美帆さん（小豆島町）
小池美紀さん（株式会社ハウ）

〈京都府・京丹後〉
山添美智恵さん（ばらずしで丹後をつなぐ会）
山口香里さん（京都府丹後広域振興局）
田茂井加奈さん（京都府丹後広域振興局）
田中涼子さん（京丹後市役所）
越江雅夫さん（エチエ農産）
藤岡敬史さん（京都府）
野島優美さん（オズマピーアール）

〈京都府・宮津〉
飯尾彰浩さん（飯尾醸造）

〈鹿児島県・鹿児島〉
福元万喜子さん（東酒造）
福元文雄さん（東酒造）

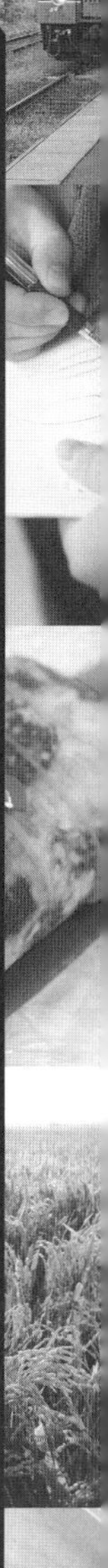

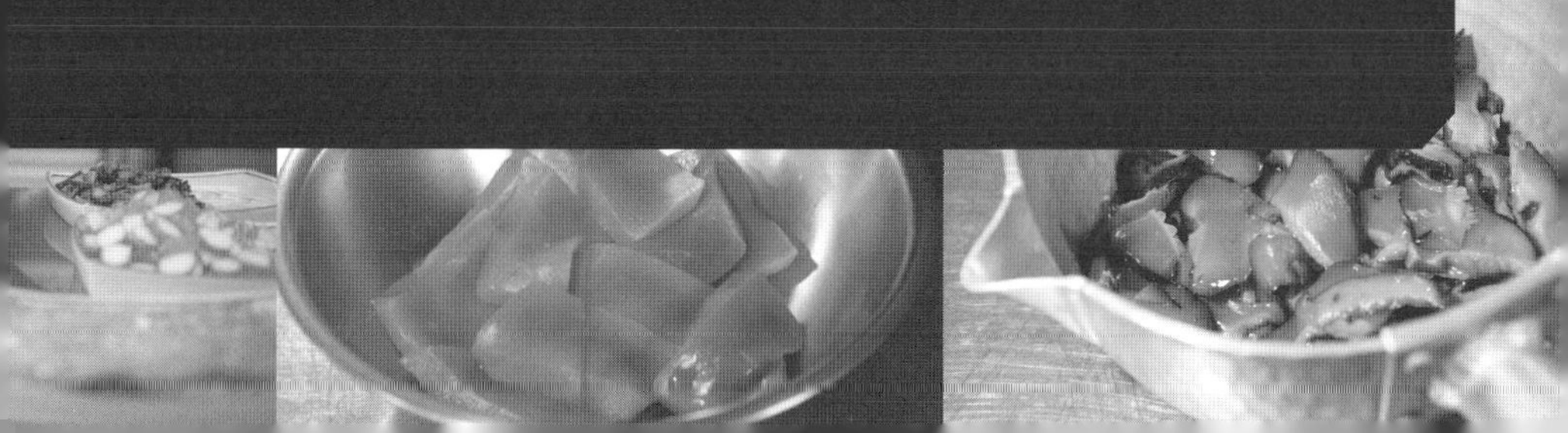

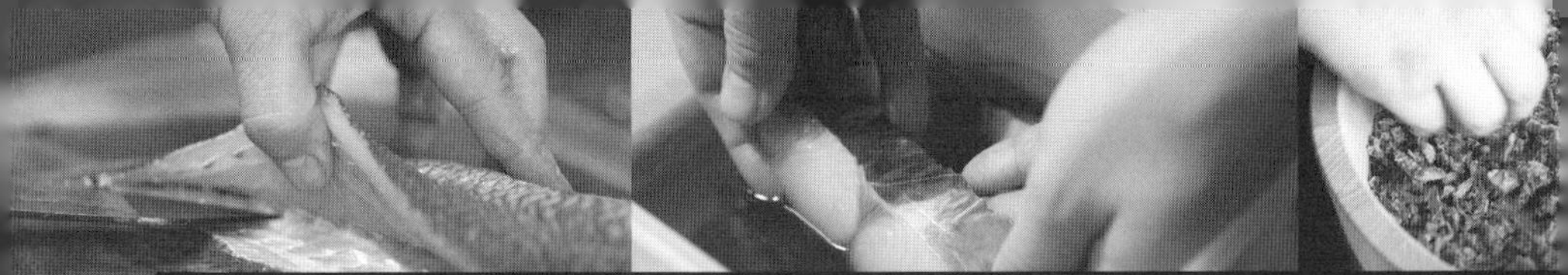

〈新潟県・佐渡〉

和田藤江さん
名畑邦子さん
土岐幸子さん
民部猛さん（羽茂農業協同組合）
齋藤真一郎さん（齋藤農園）
前岨美智恵さん（佐渡市役所）
末武一春さん（佐渡特選市場）
影山恭英さん（国産株式会社）

〈高知県〉

笹岡三栄さん
竹村一恵さん
河原多絵さん（土佐ひめいち企業組合）
瀧澤満さん（窪津漁業協同組合）
松﨑淳子さん（高知県立大学名誉教授）
三谷英子さん（ＲＫＣ調理師学校）
柏田太郎さん（高知県）

〈ＨＡＮＤＲＥＤ〉

飯尾彰浩さん（飯尾醸造）
宮坂勝彦さん（宮坂醸造）
加藤祐基さん（白扇酒造）
野村圭佑さん（堀河屋野村）
丸谷誠慶さん（丸八製茶場）
鈴木結美子さん（鈴廣かまぼこ）

〈銚子つりきんめ鯛の生粕漬〉

藤本健二さん（藤本公認会計事務所）
林尚史さん（枻出版）
影山亮さん（築地漬け亭）

★「郷土寿司プロジェクト」のリポートはウェブサイト『うまいもんプロデューサー』(https://umaimon-p.nifty.com/)で２０１５年１０月～２０１６年３月まで掲載しました。

★酢飯屋ＨＰ(http://www.sumeshiya.com/project/)でも読むことができます。今後も随時、新しいリポートをアップしていきます。

ご協力、ありがとうございました！

岡田大介（おかだ　だいすけ）

「酢飯屋（すめしや）」店主。１９７９年、千葉県野田市生まれ。大学浪人中の母親の急死をきっかけに18歳で食の世界へ。地元の割烹料理店、東京・秋葉原の寿司店で修業し、24歳のときに独立。八丁堀の自宅マンションの一室で１日１組限定の寿司屋を開く。次第に自分が扱うサカナから野菜、調味料、器などの生産者や現場に興味を持ち、全国を巡り始める。並行して、各地の郷土寿司にも関心を向ける。２００８年、東京・文京区にカフェ・ギャラリーを併設する完全紹介制・完全予約制の酢飯屋を開き、日々、伝統と革新の寿司の道を究める。

アートディレクション
大薮胤美（フレーズ）
デザイン
横地綾子（フレーズ）
撮影・スタイリング
三木麻奈（P.8〜114、155、カバー）
撮影
遠藤宏（P.37、115〜151、154、157〜160、カバーそで）
上田友子（P.152〜153）
構成
佐藤俊郎

身近な食材で豪華に見せる
季節のおうち寿司

２０１６年４月18日　第１版第１刷発行

著　者　岡田大介
発行者　安藤　卓
発行所　株式会社ＰＨＰ研究所
京都本部　〒６０１-８４１１
京都市南区西九条北ノ内町11
文芸教養出版部
生活文化課　☎０７５-６８１-９１４９（編集）
東京本部　〒１３５-８１３７
江東区豊洲５-６-５２
普及一部　☎０３-３５２０-９６３０（販売）
PHP INTERFACE　http://www.php.co.jp/
印刷所　図書印刷株式会社
製本所　株式会社大進堂

ISBN 978-4-569-82928-9